DIE NARZISSMUSFALLE

Reinhard Haller

DIE NARZISSMUS-FALLE

Anleitung zur Menschen- und Selbstkenntnis

ecoWIN

SALZBURG – MÜNCHEN

FSC
www.fsc.org
MIX
Papier aus verantwortungsvollen Quellen
FSC® C012536

10. Auflage 2017

Gesetzt aus der Sabon

Medieninhaber, Verleger und Herausgeber:
Red Bull Media House GmbH
Oberst-Lepperdinger-Straße 11–15
5071 Wals bei Salzburg, Österreich

Satz: theiss.at
Printed in Austria
ISBN 978-3-7110-0037-8

Inhaltsverzeichnis

Leserhinweis:

Die maskuline Sprachform wird in diesem Buch nicht deshalb bevorzugt, weil Narzissmus wie die meisten schlechten Eigenschaften bei Männern (noch) häufiger vorkommt als bei Frauen. Es geschieht der besseren Lesbarkeit willen, wofür ich die Leserinnen um Verständnis ersuche. Sie wissen ja: „Der Gender und die Genderin, die machen uns das Lesen hin."

Unvermeidlicherweise werden Sie glauben, in den angeführten Beispielen jemanden aus Ihrer Umgebung zu erkennen. Seien Sie versichert, dass alle personenbezogenen Daten so verändert wurden, dass eine Identifizierung nicht möglich ist

Allen, denen ich Spiegel war,
und jenen, die mir Spiegel gewesen.

Der Duft des Narziss

Mein Chef ist ein unglaublicher Narzisst, meine Kollegin reagiert bei jeder Kleinigkeit narzisstisch, mein Konkurrent trägt seinen Narzissmus wie eine Fahne vor sich her. Partnerschaften mit Narzissten sind die reinste Hölle und der Narzissmus gehört zur Standardausstattung jeder Führungsetage. Den Hypernarzissten, dem ich kürzlich begegnet bin, halte ich kein weiteres Mal mehr aus und selbst auf Facebook ärgern mich die Cybernarzissten. In der Geschäftswelt wimmelt es nur so von Karrierenarzissten und im Beruf muss ich mich dauernd mit deren Komplementärnarzissten herumärgern. Und soeben weinte in der Psychotherapiestunde eine Frau bitterlich über „Narziss den Großen" – ihren Ehemann. Im Narzissmus liegen die wahren Ursachen der psychischen Störungen und die Motive der Verbrecher muss man im Narzisstischen suchen. Jetzt wird sogar gestritten, welches die narzisstischste Zunft sei: Künstler oder deren Kritiker, Ärzte oder Anwälte, Manager oder Broker oder gar die üblichen Verdächtigen – Politiker und Journalisten. Jedenfalls sind alle Machthaber pure Narzissten. Die Narzissten sind die Feinde an unserer Seite und Alltagsnarzissten unterminieren unser Ego. Narzissten sind verbissene Streber und selbstunsichere Blender, unsensible Sensibelchen und lästige Mimöschen. Warum spricht Herr X nur von sich, das ist narzisstisch, und weshalb ist Frau Y ständig angerührt, auch das ist narzisstisch – und erst recht die Arroganz beider zusammen. Die Welt ist voller Narzissten, überall begegnen wir narzisstischen Persönlichkeiten und Narzissmus ist zum Kult geworden. Furchtbarer als der weibliche Narzissmus ist nur noch jener des Mannes. Wir werden von narzisstischer Wut erfasst, geraten in das innere Gefängnis des Narzissmus, schweben im narzisstischen Höhenrausch und stürzen in tiefe narzisstische Krisen. Narzissmus ruiniert das Leben. Narzissmus bringt den Wahnsinn in unseren Alltag und führt alle auf den Egotrip. Narzissmus vergiftet jede Beziehung und zerstört jede Gemeinschaft. Die ganze Welt wird immer narzisstischer, die narzisstische Epidemie ist aus- und das Zeitalter des Narzissmus angebrochen. Um alle Formen des Narzissmus zu erfassen und ja keine narzisstische Störung zu übersehen, wurde jüngst sogar ein „Narzissmus-Inventar" herausgegeben.

Narzissmus, wohin man schaut. Narzisstisch, was man auch immer beschreibt, Narzissten an allen Ecken und Enden. Die Begriffe „Narzisst", „Narzissmus" und „narzisstisch" haben unzweifelhaft Hochkonjunktur und finden sich immer häufiger in der Alltagssprache. Wenn sich ein früher nur den Kulturbeflissenen und Psychoexperten vorbehaltener, etwas verstaubt wirkender Fachausdruck plötzlich als ein selbstverständlicher Bestandteil des Volksmundes etabliert, wenn Narzissten nicht mehr mit Nazis verwechselt werden, hat dies einiges zu bedeuten. Entweder nehmen Einstellungen und Verhaltensweisen, die mit dem Begriff gemeint sind, drastisch zu oder wir nehmen diese heute viel eher wahr, sind also sensibler dafür geworden. Wir geben ihnen auf jeden Fall viel mehr Gewicht, sie werden uns immer wichtiger.

Man kann es drehen und wenden, wie man will: Der Narzissmus mit all seinem Gefolge gewinnt an individueller und gesellschaftlicher Bedeutung. Er spielt in unserer Wahrnehmung, unserer Beurteilung, unserer Einstellung und unserer persönlichen Ausrichtung eine immer wichtigere – wenn man so möchte, eine narzisstischere – Rolle. Die Zeichen stehen auf Narzissmus.

Womit hängt dies zusammen? Werden wir alle tatsächlich immer ichbezogener und selbstverliebter? Hat – wie von vielen behauptet – jetzt wirklich das Zeitalter des Narzissmus begonnen? Wird unser Zeitgeist von narzisstischen Elementen wie Selbstdarstellung, Egozentrizität, Größengefühl, Überheblichkeit, Ruhmsucht oder Machogehabe bestimmt? Spiegeln sich in Selbstdarstellung und Gefühl der eigenen Grandiosität gesellschaftliche Grundstimmungen wider? Werden Eigenidealisierung und Entwertung anderer tatsächlich zu modernen Lebensprinzipien? Ist der rationale Egoist, der Ökonarzisst, tatsächlich schuld an der Wirtschaftskrise? Und ist es wirklich möglich, aus den im Internet zu findenden Spuren den virtuellen Narzissten zu synthetisieren? Narzissmus liegt jedenfalls in der Luft: individuell, zwischenmenschlich, gesellschaftlich. Es lohnt sich deshalb, sich mit diesem Begriff, dieser psychologischen Grundeinstellung, dieser Psychomacht ersten Ranges auseinanderzusetzen.

Was man mit Narzissmus meint, ist aber keinesfalls neu, sondern gehört zum Wesen des Menschen. Narzisstisches Verhalten ist viel älter als der Mythos von Narziss, dem selbstverliebten schönen Jüngling. Er ist ein zeitloses Phänomen, dessen Bedeutung für Individuum und Gesellschaft, für Kultur und Therapie allerdings immer besser erkannt wird. Narzissmus ist der unstillbare Wunsch nach Anerkennung und Bewunderung und die übertriebene Einschätzung der eigenen Wichtigkeit. Er stellt eine gewaltige Kraft und einen psychischen Motor, ein Bollwerk des Selbstvertrauens, ja einen Wesenszug und eine Geisteshaltung dar. Er ist zum Verhaltensmuster einzelner Individuen und ganzer Gesellschaften geworden. Überraschend müssen wir aber feststellen, dass hinter glanzvollem Äußeren und selbstzentrierter Eigennützigkeit meist ein fragiles Selbstwertgefühl lauert und die emotionale Intelligenz weitgehend verkümmert ist.

Der Narzissmus ist aber mehr als eine Störung. Er ist eine psychische Urkraft, welche positiv und negativ gestalten kann. Der Mensch braucht zur Entwicklung gesunden Selbstvertrauens ein gewisses Maß an Narzissmus, welcher erst dann zum Problem wird, wenn jemand darunter leidet. Sei es die durch ihre rücksichtslose Egozentrizität in Isolation geratende, von allen gemiedene narzisstische Person. Oder seien es die Mitmenschen, welche die Rücksichtslosigkeit und ständige Entwertung des

Narzissten nicht mehr ertragen. Narzissmus ist jedenfalls eine psychologische Supermacht, welche Individuum und Gesellschaft durchdringt – heute mehr denn je.

Viele Zeichen sprechen für eine ungesunde individuelle und gesellschaftliche Entwicklung, nämlich eine Zunahme von Egoismus, Eigenbezogenheit, Gier und übersteigertem Selbstwert. Nach Meinungen der Psycho- und Sozioexperten, aber auch nach unser aller Empfinden hat sich der Selbstwert in den letzten Jahren aus der rechten Bahn bewegt. Vom ausgewogenen Maß habe er sich, so belegen auch die Ergebnisse vieler wissenschaftlicher Untersuchungen, mehr und mehr Richtung Egozentrizität und Eigennutz, Überschätzung der eigenen Person und kritikloser Überzeugung von der eigenen Großartigkeit verschoben. Bewunderung und Einfluss sind gefragt, nicht mehr Demut und Bescheidenheit. Und hier lauert die Gefahr: Wenn das moderne Lebensprinzip darin besteht, nur sich selbst im Blick zu haben, wird dies unweigerlich zur Entsolidarisierung und letztlich zur Ausgrenzung und Vereinsamung des narzisstischen Egoisten führen.

Um die Verschiebung der individuellen und gesellschaftlichen Koordinaten hin zu einem selbstsüchtigen, rücksichtslosen und kalten Lebensstil geht es in diesem Buch. Wie es sich bei einer Abhandlung über die krankhafte Selbstbespiegelung gehört, will auch dieses Buch ein Spiegel sein. Nicht ein realer, sondern ein Psychospiegel, konkret ein „Narzisstenspiegel". In den zahlreichen Beispielen über narzisstische Situationen und Personen soll der Leser sich und seine Mitmenschen erkennen können, ganz wie beim Blick in den Spiegel: wirklich, nicht verzerrend, nicht beschönigend und nichts entstellend, sondern klar, nichts verschleiernd. Er soll als neutraler Beobachter und unbestechlicher Beschreiber, als wertfrei agierender Analytiker, als Weg zur unverfälschten Erkenntnis dienen. Die Techniken des Spiegelns, welche die goldene Methode der Psychoanalyse darstellen und bei Selbsterfahrungsseminaren, gruppendynamischen Übungen oder Familienaufstellungen so bewährt sind, sollen auch in dieser Schrift der besseren Eigen- und Menschenkenntnis dienen.

Blicken Sie, verehrte Leserinnen und Leser, hinein in den Spiegel des Narziss. Erkennen Sie darin die Lieblosigkeit Ihrer Mitmenschen, das rücksichtslose Agieren Ihrer Vorgesetzten und den Egoismus der Welt. Sie werden die Kränkbarkeit des Nächsten und die Arroganz der Machthabenden, die Vordergründigkeit der Bluff-Gesellschaft, den Sadismus der Casting-Shows und die Kälte des Geschäftslebens sehen können. Im Narzisstenspiegel finden Sie den stets angerührten Mitarbeiter, den überempfindlichen Freund und den beleidigten Ehepartner. Sie erkennen die Gefühlsverarmung des kaltherzigen Verbrechers und die narzisstische Wut des Amokläufers. Der Narzisstenspiegel weist Sie aber auch auf die positive Kraft von Ich-Stärke und Selbstliebe hin. Er spiegelt Ihnen die unangebrachten Zweifel und Minderwertigkeitsgefühle, Ihre unnötigen Komplexe, die Ängste und Depressionen. Wie im Spiegel des Narren geht es um die nackte Wahrheit, um nichts sonst. Blicken Sie hinein in diesen Psychospiegel, erblicken Sie das Gesicht der modernen Gesellschaft, sehen Sie unsere Welt. Erkennen Sie das Wesen der Menschen, erkennen Sie sich selbst.

Der Name verpflichtet
oder
Glanz und Elend des grandiosen Ich

Ein berühmter Professor der Medizin, beeindruckend in seiner Erscheinung und imposant im Auftreten, war bekannt für seine Vorlesungen. Weit über die Universität hinaus hatten diese einen legendären Ruf und wurden von vielen Nichtmedizinern besucht, von der Schickeria der Stadt und den Adabeis. Die Lehrveranstaltungen hatten etwas vom Charakter einer Fernsehshow oder einer Zirkusaufführung, bei welcher der Professor Direktor und Clown in einem war. So muss die Atmosphäre wohl bei den Veranstaltungen des großen Neurologen Jean-Martin Charcot gewesen sein, als er im Paris des 19. Jahrhunderts in der berühmten Klinik Salpêtrière die Hysterikerinnen und deren Darbietungen einer sensationslüstern gaffenden Zuhörerschaft vorführte.

Der Vortrag unseres Professors war gekonnt, sein Sprechen geschult, der Ausdruck theatralisch. Er begeisterte seine Studenten und faszinierte die Zuhörer. Nie verwendete er das Wort „ich", sondern sprach stets von „wir", etwa: „Wir haben erkannt, wir haben entdeckt, wir haben entwickelt" oder „was meinen wir damit, was haben wir daraus gefolgert, was wollen wir damit sagen?" Eine seiner Hörerinnen, in der feministischen Bewegung engagiert und als StudentInnenvertreterin aktiv, stellte ihm coram publico die Frage: „Herr Professor, wenn Sie ‚wir' sagen, wer ist damit gemeint? Ist es Ihr Team, ist es die Forschungsgruppe, ist es das Professoren-Kollegium?" Der große Professor, die Ironie überhörend und die Fragende kaum eines Blickes würdigend, zeigte sich keinen Augenblick lang irritiert, sondern antwortete mit einholender, großer Geste, so als würde er das ganze Audi-

torium, ja die halbe Welt auf seine Person zentrieren: „Wenn wir ‚wir' sagen, dann meinen wir uns."

Diese wahre, eher belustigende denn Ärger erregende Geschichte zeigt uns die klassische Form des Narzissmus und beinhaltet all das, was wir gewöhnlich darunter verstehen. Im Vordergrund stehen Selbstdarstellung und Eitelkeit, die betörende Ausstrahlung, besonders aber ein überaus gesundes Selbstbewusstsein. Der Klinik-Chef verwendet, von sich selbst ganz begeistert, den früher den Herrschenden vorbehaltenen Majestätsplural. Dies tut er mit Selbstverständnis, ohne jeglichen Zweifel und ohne einen Gedanken an die Peinlichkeit wegen der eitlen Diktion. Manche Narzissmusexperten glauben ja, ausgeprägter Selbstbezug vertrage sich nicht mit hoher Intellektualität, zumindest fehle es an emotionaler und sozialer Intelligenz. Der Professor ignoriert die unüberhörbare Kritik und entwertet die fragende Person durch Nichtbeachtung. Geradezu meisterhaft wird der Angriff pariert und in eine noch tollere Selbstbeweihräucherung umgewandelt. Allerdings bestätigt er mit seiner Reaktion, dies offensichtlich gar nicht realisierend, den alten Kalauer, nach welchem der Unterschied zwischen dem lieben Gott und einem Universitätsprofessor darin liege, dass Gott sehr wohl wisse, nicht Professor zu sein.

Eine gefragte Management-Trainerin, von hervorragender Didaktik und exklusivem Honorar, veranstaltete in einer sogenannten Schmiede für Führungskräfte ein Seminar zum Thema „Selbstbewusstsein – Gelassenheit – Souveränität". Brillant vermittelte sie die psychologischen Hintergründe des Selbst und seines Wertes, zeigte überzeugend Wege zum besseren Ich-Bewusstsein auf, gab zahlreiche Tipps zum Umgang mit Kritik und präsentierte anspruchsvolle Techniken der Ich-Stärkung. Als ihre Spezialität nannte sie die hohe Kunst der Gelassenheit. „Betrachten Sie Ihren Feind als Lehrmeister!", hämmerte sie den Teilnehmern ein. „Fassen Sie Kritik als positive Anregung auf und bestimmen Sie selbst, wer Sie kränken darf!" Besonders eingehend befasste sie sich mit Abwehr und Bewältigung von Kränkungen: „Eine wirklich souveräne Persönlichkeit kann man nicht irritieren, sie zeigt nur konstruktive Reaktionen, sie wird niemals beleidigt sein."

Die nun psychologisch bestens geschulten, zufriedenen Seminarteilnehmer – durchwegs Nachwuchsmanager und Jungunternehmer – waren beeindruckt und zeigten sich hoch motiviert. Vom Veranstalter wurden sie gebeten, einen anonymisierten Feedback-Bogen über die Organisation des Seminars, die Aktualität der vermittelten Inhalte und die Qualität der Vortragenden abzugeben. Es wurde nach dem theoretischen Wissen, dem praktischen Erfahrungsschatz, den rhetorischen Fähigkeiten und dem didaktischen Geschick der Vortragenden gefragt. Die Referentin erhielt fast durchgehend hervorragende Zensuren. Lediglich zwei Teilnehmer bemängelten fehlenden Tiefgang, oberflächliche Darstellung und mäßigen Praxiswert. Nachdem die Referentin die Ergebnisse des Feedbacks – Notendurchschnitt 1,09 – erhalten hatte, übersandte sie den Veranstaltern postwendend ein Schreiben, in welchem sie erklärte, bei einem so unfähigen Organisator nie mehr auftreten zu werden. Sie habe es nicht nötig, sich von „proletenhaften Teilnehmern" derart disqualifizieren zu lassen.

Die Geschichte lehrt, dass Narzissmus niemanden verschont und auch vor Experten nicht haltmacht. Theoretisches Wissen über den Umgang mit Kränkungen heißt noch lange nicht, solche bei Betroffenheit der eigenen Person immer bewältigen zu können. Im Gegensatz zum „Wir-Professor" hat die Narzissmus-Expertin nicht nur eine dünne Haut, sondern ist nicht in der Lage, dies zu verbergen. Der Narzissmus präsentiert sich bei ihr in einer ganz anderen Form, jener der extremen Empfindlichkeit und nahezu krankhaften Kränkbarkeit. Bezeichnenderweise hat sie bei allem Wissen einen blinden Fleck für ihre eigene Verletzlichkeit.

Die im Internat aufgetischte Suppe entsprach dem, was als „Wochenschau" bezeichnet wird: Eine Brühe aus Essensresten der vergangenen Tage, versetzt mit einer reichen Dosis Essig, damit der aufkommende Fäulnisgestank überdeckt würde. Der 14-jährige Jürgen, als sogenannter Zögling erst seit Kurzem in der Erziehungsanstalt untergebracht, hatte sich tapfer durchgekämpft. Der für die Beaufsichtigung des Speisesaals zuständige Erzieher schöpfte ihm, nachdem er Jürgens Ekel- und Würgegefühle wahrgenommen hatte, zweimal nach. Jürgen musste sich übergeben, der Schwall des Erbrochenen landete im Teller, auf dem Tisch, auf dem Boden: „Dem Herrn ist wohl das Essen nicht gut genug ... ich werde dir gleich beweisen, welch feine Küche wir haben", lautete der drohende Kommentar des Erziehers: „Sofort aufessen!" Keiner der anderen Jungs zeigte eine Reaktion, jeder aß brav weiter. Sie trauten sich nicht einmal, richtig hinzuschauen. Der von Krämpfen gebeutelte Junge, mit Tränen und Übelkeitsattacken kämpfend, löffelte das Erbrochene aus. „Und der Boden, dort gibt es auch noch köstliche Suppe – auflecken!"

Trotz aller Unterschiedlichkeiten dieser drei Episoden zeigen Charakter und Verhalten der Hauptpersonen auffallende Gemeinsamkeiten: Alle sind in ihrem Fühlen und Denken ganz auf die eigene Person zentriert – der Professor in seiner Großartigkeit, die Erfolgstrainerin in ihrer Gekränktheit und der Erzieher in seinen sadistischen Machtbedürfnissen. Überall ist Selbstliebe zu spüren, bei dem von sich und seiner Rhetorik begeisterten Klinik-Chef genauso wie bei der beleidigten Expertin. In ihrer Empfindlichkeit kann sie gar nicht begreifen, weshalb sie überhaupt von jemandem nicht in den höchsten Tönen gelobt wird. Der pädagogische Täter lebt seine ganze Machtfülle in der Entwürdigung eines hilflosen Kindes aus. Alle drei sind zutiefst unsicher und empfindlich. Der Professor tritt deshalb die Flucht nach vorne an, die Seminarleiterin zieht sich beleidigt zurück – wie kann es dieses schnöde Gesindel nur wagen, die sind meiner gar nicht würdig –

und der sich minderwertig fühlende, unausgebildete Aufpasser erhöht sich selbst, indem er andere erniedrigt. Keiner der drei Protagonisten nimmt auf die Gefühle der anderen Rücksicht, auf die Neugier der Studentin, auf die Erwartungen der bildungshungrigen Seminarteilnehmer oder auf die Angst des schutzlosen Jungen. Entwertend sind die Gesten des Professors, noch stärker die beschimpfenden Reaktionen der eitlen Fachfrau und am schlimmsten die Sadismen des Erziehers.

* * *

Narzissmus gibt es in vielfältiger Gestalt, in unterschiedlichster Ausprägung und in vielen Funktionen. Er ist schön und hässlich, aufdringlich und bescheiden, verheißungsvoll und gefährlich, faszinierend und abstoßend. Ein Stück weit bleibt er immer geheimnisvoll. In bekömmlichem Maß ist er Nahrung für das Ich und fördert den gesunden Selbstwert. In verdünnter Form macht er sich im Umfeld, in der Familie und am Arbeitsplatz breit. Wenn er krankhaft wird, gehört er zu den am schwersten zu behandelnden Störungen und treibt meist auch die Therapeuten zur Verzweiflung. Der bösartige oder maligne Narzissmus mit seiner Gemütskälte und Menschenverachtung stellt das psychiatrische Korrelat für das „Böse" schlechthin dar.

Narzissmus hat also zahlreiche Gesichter. Er ist, dies kann man ohne Übertreibung sagen, das wahrscheinlich interessanteste, vielseitigste und schillerndste psychische Phänomen – und das schwierigste. Seine Symptomatik durchschreitet alle Höhen und Tiefen der emotionalen Welt und die ganze Formenpalette psychischer Störungen. Narzisstisches Verhalten reicht vom Gefühl eigener Grandiosität bis zum brüchigen Selbstwert, von der Fantasie grenzenloser Macht bis zur kaltherzigen Entwertung der Mitmenschen, von unersättlicher Anspruchshaltung bis zu masochistischer Demut. Der narzisstische Mensch ist unkorrigierbar in seiner Egozentrizität, oft arrogant in seinem Wesen, meist kaltherzig nach außen und immer unsicher im Innern. Im Gefühl, von allen Mitmenschen wegen der eigenen Großartigkeit beneidet zu sein, entwickelt er eine gefährliche Haltung, mit der es ihm gelingt, stets mehr zu bekommen als zu geben.

In seiner positiven Form ist Narzissmus Motor unserer Leistungsfähigkeit und des Fortschrittes, er fördert Kreativität und steigert unsere Kraft, er beflügelt uns im Wettbewerb. In seinen negativen Auswirkungen ist er Ursache von Kränkung, Eifersucht, Hass, Streit, Verbrechen und Krieg. Am Narzissmus scheitern Partnerschaften und Freundschaften, zerbrechen Ehen und Familien, entzünden sich Auseinandersetzungen und Konflikte, er schafft Feindschaften für alle Zeiten.

Narzissmus begleitet den Menschen von seinem ersten Schrei – ja, Sie lesen recht – bis zum Brechen seines Auges. Er ist die Grundlage unserer Selbstbehauptung und der Boden, auf dem sich unsere Machtbedürfnisse entwickeln. Im steten Streben, besser und großartiger als die anderen zu sein, liegt die Wurzel von Leistung und Kreativität, von Gier und Macht. Beseelt vom Wunsch, voranzukommen und den anderen überlegen zu sein: immer besser, immer stärker, immer wichtiger. Wenn in der Psychoanalyse Aggressions- und Sexualtrieb als die Urkräfte des Lebens bezeichnet werden, stellen sie die eigentliche Vitalenergie dar. Hingegen kann man im Narzissmus die häufigste und wichtigste Form der Umsetzung im Leben sehen. Er ist gleichsam eine einstellungs-, verhaltens- und persönlichkeitsprägende Software. Unser Fühlen und Handeln bestimmend, liefert er viele Motive und gibt uns wichtige Ziele vor. Narzisstisches Empfinden stärkt den Selbstwert, narzisstische Persönlichkeitszüge fördern die Karriere, sowohl die geradlinige als auch die krumme, narzisstische Überdosierungen führen zu Isolation und Krankheit. Narzissmus hat mit Partner- und Berufswahl zu tun, mit unserem Verhalten in Gruppe und Gesellschaft. Er ist maßgebend für Ehrgeiz und Rivalität, für Wettbewerb und Fortschritt. Der Narzissmus der Völker hat Kriege ausgelöst, und jener der Gesinnungen tiefgreifende Feindschaften. Narzisstisches Agieren hat sich als wesentliche Ursache der Wirtschaftspleiten und Bankenkrisen, des kapitalen Raubrittertums, der Probleme der Dritten Welt und der Umweltzerstörung herausgestellt.

Die Frage, was normal und gesund, was gestört und krank ist, lässt sich nirgendwo schwerer beantworten als beim Narzissmus. Wenn wir von unmerklichen, fließenden Übergängen sprechen, finden wir sie in geradezu klassischer Art beim Narzissmus. Bei keiner anderen psychischen Störung sind die Gegensätze zwischen äußerem Schein und innerem Sein, zwischen Anspruch und Wirklichkeit, zwischen Glorie und Verzweiflung so groß wie beim Narzissmus. Wo sonst gibt es eine so reiche Fülle an kulturellen und psychologischen Bearbeitungen bei gleichzeitig nur minimalen wissenschaftlich gesicherten Erkenntnissen? Auch für den Therapeuten existiert, dies wurde bereits betont, kaum eine schwierigere Störung. Nicht einmal bei der Hysterie ist die Gefahr der eigenen Emotionalisierung und der mangelnden Abgrenzung, aber auch der negativen Übertragung so groß wie beim Narzissmus. Nirgendwo sind die Gegensätze zwischen therapeutischem Anspruch und realen Behandlungsmöglichkeiten so eklatant.

Bei oberflächlicher, klischeehafter Betrachtung könnte man Narzissmus für etwas Furchtbares, eine moderne Plage, einen Beweis für die Schlechtigkeit der heutigen Zeit halten. Narzissten belasten ja die Gesellschaft, zerstören die Gemeinschaft und haben viele üble Eigenschaften: Sie sind eigensüchtig, selbstverliebt, eingebildet, rücksichtslos – verächtlich in jeder Hinsicht. Oder doch nicht? Haben wir nicht schon von der Grandiosität des Narzissten, vom elitären Zirkel narzisstischer Menschen und vom Narzissmus in der Chefetage gehört? Weshalb finden wir unter Managern, Filmstars, Künstlern und Politikern, unter unseren Idolen so viele Narzissten? Hat der Narzissmus möglicherweise auch vorteilhafte Seiten? Setzen sich Narzissten besser durch und sind sie am Ende gar die geborenen Erfolgsmenschen? Ist Narzissmus eine Karrierechance oder Voraussetzung für sozialen Aufstieg?

Wir empfinden und werten die sich in der Gesellschaft mehr und mehr durchsetzende narzisstische Haltung jedenfalls nicht nur negativ, sondern zumindest ambivalent, wenn nicht sogar mit unverhohlener Bewunderung. Schon das Wort „narzisstisch" ist trotz seines abwertenden Einsatzes nicht so negativ besetzt wie andere psychiatrische Fachausdrücke, etwa „Psychopath" oder „hysterisch". Während diese ursprünglich neutralen, rein beschreibenden Begriffe Verächtlichkeit ausdrücken und zu Schimpfwörtern verkommen sind, verhält es sich beim Narzissmus anders. Allmählich dämmert uns, wie die im Narzissmusbegriff enthaltenen Grundeigenschaften nützlich für den Lebenskampf, förderlich für die Berufskarriere und richtungbestimmend für moderne Lebensprinzipien sein können. Die ehemals großen Tugenden der Bescheidenheit, der Demut und des Verzichts haben ihren Rang verloren und sind durch Erfolgswillen, Eigendarstellung sowie Anstreben von Besitz und Macht ersetzt worden. Der Narzissmus steht an der Schwelle von der problematischen und krankhaften Störung zur geltenden Lebensauffassung. Der Narzissmus wird gesellschaftsfähig.

* * *

Das Phänomen des Narzissmus wäre aber nicht beschrieben, wenn man nicht dessen Ausstrahlung auf die Umgebung des Narzissten, auf uns alle, mit einbeziehen würde. Die Faszination des Narzissmus resultiert entscheidend aus dessen Wirkung auf die Umwelt. Der Narzisst verbreitet um sich eine ganz eigene Atmosphäre. Die undurchdringbaren Mauern, welche Narzissten um sich errichten, stoßen uns ab und locken uns gleichzeitig an. Das sich zwischen Narzisst und Umwelt entwickelnde Fluidum, schwer zu beschreiben und noch schwerer zu erfassen, hebt den Narzissten noch stärker aus dem Gewöhnlichen heraus. Der Glanz, den der Narzisst produziert, strahlt auch auf sein Umfeld. Betritt ein Narzisst den Raum, nimmt er diesen sofort ein. Ergreift er das Wort, richten sich alle Blicke auf ihn. Die Ausstrahlung des Narzissten ist durchdringend und lässt keinen unberührt. Selbst wenn er kein Wort spricht, keine Meinung kundtut oder keine Anordnung trifft, sind wir irgendwie berührt.

Kaum jemand kann sich dieser Aura entziehen. Ob man will oder nicht, wird man davon gebannt, in positivem und negativem Sinn. Alle, die mit Narzissten zu tun haben, legen sich bewusst oder unbewusst eine Rolle zu. Die Muster sind unterschiedlich:

Zunächst begegnen wir dem Narzissten mit Distanz. Jeder spürt die fehlende Wärme, die mangelnde emotionale Resonanz und die zwischenmenschliche Kühle, die uns von seiner Seite entgegenschlägt. Dies löst vorerst Vorsicht aus, in weiterer Folge zum Teil Bewunderung, Unterwerfung oder Abschottung. Die Bewunderung ist ein eher undifferenziertes, abhängiges, eigentlich primitives Verhaltensmuster. Bewunderung heißt, keine Zweifel und keine Kritik aufkommen zu lassen, die Meinung des Bewunderten nicht infrage zu stellen und seine Äußerung als unzweifelhaft richtig zu übernehmen. Bewundern bedeutet verehren, nachahmen und identifizieren, aber auch, sich nicht abgrenzen zu können und seine Eigenständigkeit ein Stück weit zu verlieren. Mit Unterwerfung sind Zurückhaltung der eigenen Meinung, Hintanstellung der Bedürfnisse, Unterordnung der Gefühle und Verleugnung des Ich verbunden. Der sich unterwerfende Mensch wird niemals zur Entfaltung gelangen, er verleugnet einen wesentlichen Teil seiner Person, er ist unfrei und – wie es das Wort eigentlich sagt – versklavt.

Beide Reaktionsmuster erfüllen das, was der Narzisst will und von all seinen Mitmenschen erwartet. Er braucht Bewunderung zur Befriedigung seiner narzisstischen Bedürfnisse, zur weiteren Stärkung seines Ich. Die Bewunderung ist sein tägliches Brot, seine Muttermilch, die Nahrung seiner Psyche. Unterwerfung ist für ihn Ausdruck seiner Großartigkeit, sie stärkt seine Überlegenheitsgefühle und seine Machtansprüche. Und sie bedeutet Entwertung.

Der Narzisst versteht es vorzüglich, um sich eine Atmosphäre zu schaffen, die gar keine Kritik zulässt. Jeder Mensch in seinem Umfeld spürt diese extreme Empfindlichkeit, die abnormale Kränkbarkeit und die Unverzeihlichkeit des Narzissten. In vorauseilendem Gehorsam traut sich gar niemand, Kritik zu üben und Fehler aufzuzählen. Das Überschreiten dieser Grenze stellte einen Tabubruch, nahezu eine Blasphemie dar, welche entweder zu Schuldgefühlen aufseiten des Kritikers oder zu exzessiven Racheaktionen vonseiten des Narzissten führt. Selbst der Versuch einer sachlichen Reflexion wird als bösartig, hinterhältig und unverzeihlich qualifiziert. Allein mithilfe seiner emotionalen Ausdruckskraft hält der Narzisst jeden in Schach und unterdrückt schon die geringste, aufkeimende Kritik. Viele Menschen, die mit Narzissten partnerschaftlich oder beruflich zu tun hatten, berichteten mir von permanenten Schuldgefühlen: „In seiner Gegenwart fühle ich mich stets schuldig, auch wenn ich nicht weiß, warum."

Mit diesen Gefühlen spielt der Narzisst, er nützt die Betroffenheit und Zurückhaltung eiskalt aus, er verbreitet im Prinzip ein Regime des emotionalen Terrors, der unausgesprochenen Beschuldigung, der schweigenden Anklage.

In welcher Form und Intensität narzisstisches Verhalten möglich ist, hängt somit nicht nur vom Narzissten, sondern ganz entscheidend von seinen Mitmenschen, von seiner Umgebung ab. Der uns unbemerkt beeinflussende Narzisst hat eine unglaubliche Wahrnehmung für die Reaktion der anderen und verfügt über enorme manipulative Kraft. In seiner auf höchstem Niveau angesiedelten misstrauischen Empfindlichkeit spürt er sofort, wer wie in seiner Umgebung reagiert, wer sich ihm anschließt, sich unterordnet, ihn bewundert, ihm folgt oder wer – für den Narzissten besonders bedrohlich – unbeeinflusst und autonom bleibt. Als geborener Meister der zwischenmenschlichen Übertragungen registriert er die individuellen Reaktionsmuster und nützt diese geradezu reflexartig aus. Dem Bewunderer wird er weiteren bewundernswerten Stoff liefern, die sich Unterwerfenden wird er –

womit die unbewussten masochistischen Bedürfnisse des Narzissten angesprochen werden – auf Distanz halten und verachten, dem autonom Bleibenden wird er mit Feindseligkeit begegnen, dem Kritiker mit unerbittlichem Hass. Wollen wir mit narzisstischen Menschen zurechtkommen, ist es unabdingbar, Übertragungen und Gegenübertragungen zu erfassen, unsere möglicherweise komplementäre Rolle zu reflektieren und sich von der Atmosphäre des Narzissten zumindest emotional zu distanzieren. Dies werden wir nur erreichen, wenn wir den ganzen Bogen der narzisstischen Störungen, von Glanz bis Elend reichend, kennen. Hilfreich ist der stete Blick hinter die Kulissen, gleichsam aus der Distanz des Therapeuten. Wir werden dadurch neutraler, wissender, autonomer und – ganz entscheidend – weniger manipulierbar. Bestimmend ist die Frage, ob wir, die Nicht-Narzissten (sind wir das?), dem betörenden Duft des Narziss erliegen oder uns aus diesem lösen können.

Narzissus grüßt Narciso
oder
Der zeitlose Mythos

Wollen wir das Wesen des Narzissmus begreifen, ist eine Rückkehr zum Mythos unumgänglich. Nicht zu Unrecht steht die Geschichte des schönen, sich in sein eigenes Spiegelbild verliebenden, an der suchtartigen Selbstliebe zerbrechenden, gottähnlichen Jünglings an der Spitze jeglicher Abhandlung über Narzissmus. Mit jener Wort- und Ausdruckskraft, die den alten Griechen gegeben war, wird gleichsam ein psychologisches Bild gemalt, das alte Weisheiten, zeitlose Menschenkenntnis, psychologische Hintergründe und geradezu seherisch anmutende psychoanalytische Gedankengänge in einem enthält.

Über Jahrhunderte hinweg galt Narziss in Kunst und Kultur als die personifizierte Selbstliebe. Unter den unzähligen Darstellungen in der Malerei ragen die Fresken aus Pompeji (um 70 n. Chr.), die berühmten Gemälde von Caravaggio (1598/99), das im Louvre hängende Bild des Nicolas Poussin (1629/30), jenes von Benczúr Gyula (1881) sowie die Darstellung „Echo und Narziss" von John William Waterhouse (1903) heraus. Den „Metamorphosen" des römischen Schriftstellers Ovid verdanken wir die bekannteste literarische Überlieferung. Das Narziss-Motiv zieht sich durch die ganze Literaturgeschichte bis hin zu Hermann Hesses Erzählung „Narziss und Goldmund". Der barocke Mystiker Angelus Silesius drohte in einer seiner berühmten Predigten den Übermütigen: *„Narcis ersäufet sich, da er sich selbst will lieben"*, und selbst Johann Wolfgang von Goethe lässt in seinem Roman „Die Wahlverwandtschaften" künden: *„... aber der Mensch ist ein wahrer Narziss; er bespiegelt sich überall gern* *selbst; er legt sich als Folie der ganzen Welt unter.*" Christoph Willibald Gluck hat über „Echo und Narziss" eine Oper geschrieben und Rainer Maria Rilke widmete dem Narziss drei Gedichte.

Generationen von Psychoanalytikern haben sich mit dem Narzissmus-Thema beschäftigt und daraus ihre Theorien entwickelt. Genannt seien nur die „Kritik der logisch einfachsten Vorstellung" von Michael Bálint (1935), Jacques Lacans „Spiegelzauber" (1949), „Narzissmus, das ungebrochene Medium männlichen Selbstbewusstseins" von Heinz Kohut (1975), Otto F. Kernbergs „Pathologische Selbststruktur" (1975), „Die Isolierhaft des wahren Selbst" von Alice Miller (1979) und „Die Unwirklichkeit des guten Lebens" von Alexander Lowen (1984). Nicht Sigmund Freud, sondern ein britischer Sexualforscher namens Henry Havelock Ellis stellte im Jahr 1898 erstmals die gedankliche Brücke zwischen übersteigerter Selbstliebe und der in der griechischen Mythologie gefundenen Geschichte vom schönen Jüngling Narziss her. Der von ihm verwendete Begriff des „Auto-Erotism" war noch sehr allgemein gehalten und meinte *„normale Äußerungen bis in Kunst und Poesie hineinreichend, die dem ganzen Leben erst mehr oder weniger Reiz verleihen"*. In der Folge verstand man unter Narzissmus eine sexuelle Perversion, ehe der deutsche Psychiater Paul Näcke 1899 die Selbstbewunderung in den Mittelpunkt des Narziss-Mythos stellte.

Den wirklichen Durchbruch in der Wissenschaft und später in der gesamten Gesellschaft schaffte das Konzept des Narzissmus aber mit Freud. Dieser machte mit der 1914 erschienenen Arbeit „Zur Einführung des Narzissmus" die eigentliche Bedeutung der Erzählung bewusst. Schon damals wies er darauf hin, dass das, was er als „Narzissmus" bezeichnete, nicht immer krank sei, sondern eine normale Entwicklungsphase mit Übergang in eine unauffällige Charakterstruktur darstelle. In der Folge haben sich fast alle Freud-Schüler und unzählige Persönlichkeitsforscher mit krankhafter Selbstliebe, Egoismus und Arroganz anhand der Narzissmusgeschichte beschäftigt. Wir kommen deshalb gar nicht umhin, den klassischen Narziss-Mythos näher zu betrachten und uns zu fragen, was wir ihm außer der krankhaften Eigenliebe noch alles entnehmen können:

Narzissus (griechisch: Narkissos) war der Sohn der Nymphe Leiriope und des Flussgottes Kephissos. Dieser hatte die Schöne in seinen Sog gebracht und tat der in den Wellen Gefangenen Gewalt an. Hernach floss er weiter und ließ die Schwangere allein zurück. Leiriope gebar einen Jungen, schon in der Wiege von betörender Schönheit, dem sie den Namen Narzissus gab. Seine besorgte Mutter entschloss sich, den für seine Orakelsprüche berühmten Wahrsager Teiresias aufzusuchen und ihn zu fragen, ob dem liebreizenden Knaben ein langes Leben beschieden sei. Dessen schicksalsverkündender Spruch lautete: „So lange, bis er sich selbst kennenlernt". Leiriope konnte mit diesen Worten nichts anfangen und schenkte ihnen keine weitere Beachtung.

Der heranwachsende Narzissus wurde von allen bewundert und verehrt. Er war der Schwarm aller Mädchen, viele Burschen warben um seine Freundschaft, selbst Götter fanden an ihm Gefallen. Er aber zeigte sich unberührbar und hartherzig, ließ niemanden zu sich heran und widerstand jeder Annäherung. Besonders verliebt hatte sich in ihn die Nymphe Echo, welche verflucht war, nur nachsprechen zu können. Als sie Narzissus ihre Liebe gestand, wies er sie mit den Worten „Eher will ich sterben, als dir gehören!" schroff zurück. Die so Verschmähte versteckte sich im Wald, lebte in einsamen Höhlen und verbarg ihr Gesicht im Laub. Sie wurde menschenscheu, nahm keine Nahrung mehr zu sich und fand keinen Schlaf mehr. Abgemagert zu Haut und Knochen, schied sie schließlich dahin. Nur ihre Stimme – das Echo – blieb erhalten.

Nachdem Narzissus zahlreiche andere Liebeswerber enttäuscht hatte, schwor einer der Verschmähten: „So wird es auch dir ergehen, du sollst das, was du liebst, niemals bekommen!"

Eines Tages wollte Narzissus, von Jagd und Hitze ermüdet, im tiefen Wald an einer klaren Quelle seinen Durst stillen. Als er sich über das Wasser beugte, erblickte er darin das Bild eines wunderschönen Jünglings. Gebannt vom Anblick, starrte er in das herrliche Gesicht und die melancholischen Augen, sah spiegelnd die Haarpracht, die zarten Wangen und die edle Stirn. Er war entzückt und bezaubert, konnte von diesem Anblick nicht genug bekommen und war nicht mehr fähig, sich vom Blick in das spiegelnde Wasser zu lösen. Er ergötzte sich am Zauber des Gespiegelten, verliebte sich in die gesehene Gestalt und wurde von verzehrender Sehnsucht erfasst. Auf dem Boden liegend versuchte er, sich dem geliebten Gesicht zu nähern, den Hals zu umfassen und sich mit dem Ebenbild zu vereinen. Es gelang ihm nicht. Qualvoll schrie er seinen Schmerz, seine brennende Sehnsucht, seine unerfüllte Liebe hinaus in die Wälder. Als seine herabfließenden Tränen das Bildnis trübten, riss er sein Gewand auf und schlug sich auf die entblößte Brust. Voll unerfüllter Sehnsucht und Liebesschmerz beugte er sich tiefer und tiefer über den Quell. Er kam dem Bild nahe, er erreichte es aber nie. Verzweifelt versuchend, sich mit der ersehnten Gestalt zu vereinen, stürzte er ins Wasser und ertrank.

Die knappe Erzählung enthält eine ganze Fülle von psychologischen Fakten und tiefenpsychologischen Hypothesen. Angesprochen werden die Beziehungsprobleme zwischen den Eltern, die gewalttätige und ungewollte Zeugung, die Broken-Home-Situation sowie die Ängstlichkeit und Überfürsorglichkeit einer alleinerziehenden Mutter. Wir werden informiert über Gefährlichkeit von Selbsterkenntnis und Prognosen. Wir finden im Mythos die folgenschweren Auswirkungen fehlender emotionaler Resonanz und autistischer Abkapselung, die Tragik beziehungsunfähiger Persönlichkeiten und das zerstörerische Potenzial kränkender Zurückweisungen – auch das ist Narzissmus. Leiden des Liebeskummers und Gefahren der Selbstaufgabe werden ebenso eindrucksvoll beschrieben wie die Probleme für die Mitmenschen des Narziss – im wahrsten Sinn des Namens. Die uralten Weisheiten warnen uns vor dem süchtigen Charakter der Selbstbezogenheit und der Endstrecke jeglicher Sucht, auch der Ichsucht: Sie endet in Vereinsamung, Isolation, Depression und oft in Suizid.

In der Geschichte von Narziss lassen sich alle Elemente der krankhaften „Selbstliebe" erkennen: extreme und ausschließliche Ausrichtung auf die eigene Person, Empfindlichkeit gegen Kränkungen jeglicher Art, Mangel an Einfühlungsvermögen in andere und Entwertung der Mitmenschen.

Der Mythos gibt uns zudem tiefenpsychologische Erklärungen, zeigt krankhafte Entwicklungen auf und bietet hervorragende, zeitlos gültige Beschreibungen einer gestörten Persönlichkeitsstruktur. Die Abstammung des Kindes von einem Gott und einer sterblichen Halbgöttin weist auf das genetische Moment bei narzisstischen Störungen und deren Vorkommen in allen sozialen Schichten hin, auch oder gerade in den besten Kreisen. Narziss war kein Kind der Liebe, sondern ist einer flüchtigen Begegnung, einem erzwungenen Geschlechtsakt entsprungen. Die dabei eingesetzte Gewalt war vielleicht nicht tätlicher Natur, sondern ein Bedrängen, ein emotionaler Druck, ein Umgarnen. Das „Umfließen" könnte charmantes Umwerben bedeuten. Heute würde man wohl an den gezielten Einsatz von Alkohol oder gar von K.-o.-Tropfen denken. Nach dem „One-Night-Stand" ist der Erzeuger weitergezogen und hat sich um seine Geschäfte gekümmert. Er hat die Frau einfach ihrem Schicksal überlassen. Wahrscheinlich hat er nicht einmal deren Schwangerschaft zur Kenntnis genommen. Er ließ sie schlichtweg sitzen.

Die Mutter, welche einen auffallend schönen Jungen zur Welt brachte, musste diesen allein erziehen. Hat die fehlende Vatergestalt die Entwicklung des Kindes beeinflusst, wie die traditionelle Pädagogik meint, vielleicht im Bereich des Realitätsbezugs und der Beziehungsfähigkeit? Hat der fehlende Prellbock die Neigungen zu Träumereien und Fantastereien begünstigt? Das Kind, welches für seine wohl überforderte Mutter nun ihr Ein und Alles war, wurde von dieser umsorgt, verhätschelt und bewundert. Sie hat das getan, was jede ängstliche, besorgte, liebende Mutter, die ja keinen Fehler machen will, in so einer Situation tut: Sie hat es zu einem „Seher“ gebracht, um sich die Zukunft voraussagen zu lassen und jeder Gefahr vorbeugen zu können.

Und was sagt uns die Geschichte über die Vorhersage der Zukunft, über den Wert von Prophezeiungen und Prognosen? Diese sind immer unbestimmt, unsicher und verschwommen, sie wurden im konkreten Fall zunächst gar nicht verstanden. Seher-sprüche enthalten aber immer eine Lebensweisheit. Konkret sagt das Orakel, es sei oft besser, wenn man nicht alles von sich weiß. Damit wird wohl auf die Gefahren beim Blick in unsere verschatteten Anteile, in die dunklen Abgründe der Seele, auf das Aggressive und Böse im Menschen hingewiesen. Eine radikale Psychoanalyse, welche alles schonungslos offenlegt und die Verdrängungsmechanismen entblättert, hat schon manchen Suizid bewirkt.

Im heutigen Kontext wären mit den Äußerungen des Sehers wohl die Probleme des Umgangs mit genetischen Analysen angesprochen, mit welchen man das Risiko von verschiedenen Erkrankungen erfassen kann. Für den Menschen ist es oft besser, wenn er gar nicht weiß, mit welcher Wahrscheinlichkeit er einen Herzinfarkt erleiden, Krebs bekommen oder an Demenz erkranken wird. In den meisten von uns ruft dieser Gedanke Angst hervor. Man mag die Szenarien, die solche Erkenntnisse für die Auswahl von Embryonen und Kategorisierung von Neugeborenen, für die Versicherungsmedizin oder die berufliche Personalauswahl haben können, gar nicht ausdenken. Wir wollen dies alles lieber gar nicht wissen.

Ferner werden im Mythos die Gefahren einer verwöhnenden Erziehung angesprochen. Die heutige Narzissmusforschung sieht einen Hauptrisikofaktor im Overprotective, in der Überfürsorglichkeit der verwöhnenden, von allen Schwierigkeiten abschirmenden Erziehung, die im Kind zweierlei bewirkt: niedrige Frustrationstoleranz und überhöhte Anspruchshaltung.

Die Beschreibung des heranwachsenden Narziss könnte einem Lehrbuch über die Entwicklung von Persönlichkeitsstörungen entnommen sein. Der schöne Jüngling wird von allen bewundert und begehrt. Jeder sucht seine Gunst und seine Freundschaft, alle wollen seine Liebe, Mädchen und Jungen gleichermaßen. Selbst die Überirdischen können sich seiner Ausstrahlung, dem Duft des Narziss, nicht entziehen. Er aber kann diese Gefühle weder erfassen noch erwidern, es fehlt ihm die emotionale Resonanz. Narziss leidet unter Gefühlsmangel, unter emotionalen Defiziten, er ist mit einem Wort liebesunfähig. Heute würde man ihn wohl als emotionalen Analphabeten bezeichnen.

Gleichzeitig fehlt ihm die Beziehungsfähigkeit. Narziss ist nicht in der Lage, sich in andere hineinzufühlen, mit den Mitmenschen innerlich zu schwingen oder gar mit ihnen eine emotionale Bindung einzugehen. In unserer alles diagnostizierenden Zeit würde man ihn wohl mit dem inflationär gewordenen Störungsbild des Autismus etikettieren oder von einer „schizoiden Persönlichkeitsstörung" sprechen. Diese ist ja durch emotionale Kühle, Distanziertheit, geringe Fähigkeit zur Entwicklung zärtlicher Gefühle, durch wenig Interesse an sexuellen Erfahrungen mit anderen Personen und Vorliebe für einzelgängerische Beschäftigungen, durch übermäßige Inanspruchnahme durch Fantasie und Introspektion (Selbstbeobachtung) und Mangel an vertrauensvollen Beziehungen sowie fehlenden Wunsch danach geprägt. All das ist bei Narziss zu finden.

Die Geschichte teilte uns ferner mit, wie sich Narzissten mit Jasagern umgeben, mit Personen, welche zufrieden sind mit dem Abglanz ihres Idols, sich diesem völlig unterwerfen und sonst weder eigene Bedürfnisse noch eigene Meinungen haben. Dafür steht die alles nur nachsprechende Echo. Sie symbolisiert jenen Personentyp, welchen der Narzisst am liebsten um sich weiß: Menschen, die nur ständig seine eigenen klugen Worte und einzigartigen Sprüche wiederholen und ihn kritiklos bewundern.

Der Mythos beschreibt eindrücklich den Liebeskummer. Besser gesagt die Liebeskrankheit, eine Störung, die wir zu Unrecht auf die leichte Schulter nehmen, als notwendige Entwicklungsaufgabe betrachten und allenfalls ironisieren. Tatsächlich handelt es sich um eine schwere Gemütserschütterung, welche alle Kriterien einer voll ausgeprägten Depression erfüllt und für Jugendliche ein Risiko ersten Ranges darstellt. Kein anderes Motiv ist bei den Suizidhandlungen junger Menschen so häufig zu finden wie partnerschaftliche Enttäuschungen. Im Schicksal der verschmähten Echo spiegelt sich all das wider: Sie hat jegliche Lebensfreude verloren, findet an nichts mehr Lust, nicht an Geselligkeit und nicht am Essen. Wie die meisten Depressiven magert sie ab, lässt sich gehen, meidet alle Kontakte, zieht sich zurück, traut sich nicht mehr unter die Menschen und ist schließlich nur mehr ein Schatten ihrer selbst.

Der verhängnisvolle Blick in den Spiegel bringt Erkenntnis und Erleuchtung, aber nicht im positiven Sinn. So wie es im Orakel vorausgesagt wurde und wie wir es beim Apfel der Eva, der paradiesischen Frucht der Erkenntnis, finden: Selbsterkenntnis kann sehr schmerzhaft sein. Narziss sieht im illusionären Bild zunächst zwar das, was er immer gesucht hat, wonach er sich sehnte, was ihm immer gefehlt hat, etwas, was in ihm ein nie gekanntes Gefühl auslöst. Jetzt konnte er endlich lieben. Schlagartig wurde ihm dies klar. Plötzlich hat er sich „erkannt“, auf einmal hatte er den Durchblick, endlich war diese so unbekannte Emotion fühlbar. Er hat sich dabei nicht in einen Menschen aus Fleisch und Blut verliebt, sondern in ein Bild, ein Imago, in eine nicht wirkliche Person. Hier werden das „mehr Scheinen als Sein“, die Fälschung der Wirklichkeit, der das gesellschaftliche Leben oft dominierende „Bluff“ angesprochen. Narziss ist zutiefst berührt, fasziniert und gefangen von einer Illusion, einer Spiegelung.

Das Ideal, das er sieht und so heiß begehrt, ist unerreichbar. Es ist kein Wesen aus Fleisch und Blut. Er kann sich vom Bild nicht lösen, er ist von ihm gefangen, er schmachtet und verzehrt sich, er ist ihm verfallen. Er will das Bild in immer höherer Dosis aufsaugen und in raschester Abfolge darauf blicken, er ist süchtig und damit abhängig und unfrei geworden. Verfallen an eine Illusion, verfällt er selbst. Mit allen Mitteln versucht er, sich dem Bild zu nähern und sich mit ihm zu vereinen. Hier wird der nicht zu gewinnende Kampf um Erreichen des Ideals oder die Verwirklichung der vollendeten Liebe, die unerfüllbare Sehnsucht nach Verschmelzung mit einem anderen beschrieben. Und die Sucht als Krankheit des „Nicht-genug-Kriegens" und des „Nicht-aufhören-Könnens". Wie jede Sucht endete auch die des Narziss, die Ichsucht, in Vereinsamung und Tod.

In einer der insgesamt sieben Versionen des Narziss-Mythos wird nicht die Süchtigkeit, sondern die extreme Kränkbarkeit, die geradezu pathologische Sensibilität, für sein Ende verantwortlich gemacht. Während Narziss sich in den Spiegel versenkte und am Selbstbild nicht genug Gefallen finden konnte, fiel ein Blatt auf das Wasser und trübte das Bild. Dies stürzte Narziss in so tiefen Kummer, dass er krank wurde, dahinschmachtete und verstarb.

Die Geschichte von Narziss ist zeitlos. Das, was seit gut hundert Jahren als Narzissmus bezeichnet wird, gehört zu den menschlichen Grundausstattungen, zu einem überdauernden Faktor unserer psychischen Welt. Selbstsucht, extreme Kränkbarkeit und Mangel an Empathie hat es schon lange vor der Entstehung des Mythos gegeben und wird die menschliche Entwicklung immer begleiten. Es handelt sich – wie erwähnt – um ein Basisproblem der menschlichen Existenz. Narzisstische Haltungen sind heute aktueller denn je, sie scheinen die gesamte Gesellschaft zu erfassen und deren Einstellung zu prägen. Übertragen wir doch die Erzählung von Narziss auf unsere Zeit:

Herkunft nicht ganz klar, jedenfalls High Society. Mutter Topmodel, Vater Chef eines Energie-Konzerns, flüchtige Bekanntschaft. Beim One-Night-Stand sollen Alkohol und Gewalt im Spiel gewesen sein. Der Big Boss auf und davon. Den Neugeborenen,

wunderschön, nannte die Mutter Narciso. Sie ließ ihn, verwöhnend und voll Sorge, im weltweit führenden Genetikinstitut untersuchen. „Alles okay, solange er das Ergebnis nicht kennt", so der Spezialist.
Alle umschwärmten das Wunderkind, Burschen und Mädchen, aus nah und fern, selbst Hollywood zeigte Interesse. Keine Resonanz, keine Emotionen, keine Beziehungen. „Wahrscheinlich autistisch, vielleicht Borderline", meinten die Enttäuschten. Nur Echo, die Jungschauspielerin, kam ihm nahe. „Weil sie ihm alles nur nachplappert", sagte man. Schwer verliebt, wollte sie ihn ganz haben. Er geriet in Panik, wurde gehässig: „Lieber tot sein!", soll er gebrüllt haben. Sie im Liebeskummer, Nahrungsverweigerung, Rückzug, Suizid – erhalten noch in ihren Filmen. „Soll es ihm gleich gehen, dem arroganten Dreckschwein!", schrieben sie auf Facebook.
Im Golfclub, müde und verschwitzt, die erste Line. Orgastisches Hoch, nie gekannte Gefühle, wie ein Urknall. Abhebend, alles grandios, voller Durchblick – und endlich Liebe: „Ich bin einzigartig, unendlich geliebt." So etwas gibt man nicht her, vergisst es nie, will es wieder haben, für immer. Mehr und mehr, Line auf Line, wochenlang. Sonst interessiert nichts, kein anderer und nichts anderes. Kein Frust, nur noch Lust, tiefe Sehnsucht, ultimatives High. Nie aufhören, nie genug kriegen. Nur schneller, intensiver, geiler. Der Körper bebt, das Innere zittert, das Gehirn zerspringt. Aus.

Die vier großen „E“ oder Was ist Narzissmus?

Was ist Narzissmus? Gewöhnlich verstehen wir darunter Egoismus, Selbstverliebtheit, Arroganz und Ichsucht, aber auch Empfindlichkeit, Gekränktheit und Unversöhnlichkeit. Es gibt den gesunden und den kranken, den gut- und bösartigen Narzissmus, den normalen und gestörten. Man spricht von kompensatorischen und amourösen Narzissten, von charakterlosen und fanatischen, von elitären und passiv-aggressiven, von aufdringlichen und bescheidenen. In der Psychotherapie unterscheidet man zwischen narzisstischen Reaktionen, die jeder von uns kennt, narzisstischen Entwicklungen, welche sich oft mit einer erfolgreichen Karriere einstellen, und narzisstischen Persönlichkeiten, bei denen der Mensch in seinem Wesen durch und durch vom Narzissmus geprägt ist.

Im umgangssprachlichen Gebrauch versteht man unter Narzissmus Eigenliebe, Überhöhung des Selbstwerts und Ichsucht. In den psychologischen Beschreibungen wird meist noch auf die starke Empfindlichkeit, welche Ausdruck des fragilen Selbstwertes sei, verwiesen. Tatsächlich ist das Wesen des Narzissmus deutlich komplexer und enthält neben Egoismus und ständigem Eigenbezug noch zwei weitere wesentliche Elemente: die hochgradige Empfindlichkeit oder Kränkbarkeit und den Mangel an Einfühlungsvermögen.

Narzissmus ist nicht nur Egoismus und Arroganz, nicht nur Selbstsucht und Überheblichkeit. Narzissmus ist mehr als Stolz und Gier, er geht weit über Eitelkeit und Selbstgefälligkeit hinaus. Er beinhaltet neben der starken Bezogenheit auf das eigene Ich und der Überzeugung von der eigenen Grandiosität ein hohes

Maß an Empfindlichkeit und Verletzlichkeit, einen Mangel an Einfühlungsvermögen in unsere Mitmenschen und eine permanente Tendenz zur Entwertung anderer. Nur beim Zusammentreffen dieser Komponenten, die unterschiedlich gewichtet sein können, ist das Störungsbild des Narzissmus gegeben. Wenn wir ihn nicht nur klischeehaft und oberflächlich betrachten, setzt er sich somit aus vier Komponenten zusammen:

- Egozentrizität
- Empfindlichkeit
- Empathiemangel
- Entwertung

Je nach Art steht eines dieser Kennzeichen im Vordergrund: die Egozentrizität beim (noch) normalen Narzissmus, die Empfindlichkeit beim neurotischen, die Entwertung beim bösartigen und der Empathiemangel bei allen drei.

Beim Narzissmus ist das sensible Gleichgewicht zwischen Selbstvertrauen und Egoismus, Einfühlen und Rücksichtslosigkeit, gesunder Sensibilität und Kränkbarkeit sowie Selbst- und Fremdwert aus den Fugen geraten. Narzissmus bedeutet, dass – je nach Form – einer dieser vier großen Charakterzüge in den Vordergrund tritt und das Denken, Fühlen und Handeln des Narzissten bestimmt.

Wie bei allen psychischen Problemen ist der Schwere- und Ausprägungsgrad maßgebend. Auch hier macht allein die Dosis das Gift. Gesunder Narzissmus kann die Persönlichkeit stärken, während die krankhafte Form als Kompensationsversuch bei Minderwertigkeitskomplexen zu betrachten ist: nach außen selbstsicher und abwertend, nach innen ängstlich und verunsichert. Der bösartige Narzissmus kann Menschen zu Gewalttätern und Schwerverbrechern, ja zu Serien- und Massenmördern machen.

Bei Dominanz des Egoismus sprechen wir von normalem Narzissmus. Steht die Empfindlichkeit im Vordergrund, können wir von krankem oder neurotischem Narzissmus ausgehen. Der Betroffene präsentiert sich dann als durch und durch kränkbares Wesen. Nimmt das Unvermögen, sich in einen anderen Menschen hineinzufühlen, den vorderen Rang ein, haben wir es mit der psychopathischen Form zu tun. Schöpft der Narzisst seinen Selbstwert vor allem aus der Entwertung, Erniedrigung und Entwürdigung anderer Menschenwesen, liegt die schlimmste Art, der bösartige Narzissmus, vor.

Bei all diesen Formen des Narzissmus wirken aber auch die anderen „E“ mit, entweder in einer Nebenrolle oder zumindest im Hintergrund. Reiner Egoismus ist ebenso wenig mit Narzissmus gleichzusetzen wie krankhafte Empfindlichkeit. Bei ausschließlichem Empathiemangel handelt es sich allenfalls um eine schwere Persönlichkeitsstörung, aber noch nicht um richtigen Narzissmus. Ständiges Entwerten anderer Menschen stellt eine sehr auffallende, störende Verhaltensweise dar, die ohne Selbstbezug und eigene Kränkbarkeit noch nicht einer narzisstischen Störung im eigentlichen Sinn entspricht. Mag einer im Austeilen stark sein, aber gleichzeitig auch über hohe Nehmerqualitäten verfügen, ist er noch kein Narzisst. Ironiker und Zyniker, die auch über sich selbst lachen oder die bösen Bemerkungen anderer Menschen einstecken können, lassen die narzisstische Kränkbarkeit vermissen.

* * *

„Ich, Icher, am Ichsten“, so heißt das Lebensprinzip des Narzissten. **Egoismus** ist eine bewusste und gewollte Haltung, welche zwar den Hauptbestandteil der Egozentrik bildet, aber nicht mit dieser gleichgesetzt werden kann. Egoismus, auch als „Ichsucht“ oder „Selbstsucht“ und manchmal fälschlich als „Eigenliebe“ bezeichnet, meint eine Haltung, die durch rücksichtsloses, ausschließlich persönliche Interessen verfolgendes Verhalten charakterisiert ist. Da das Ego über alles andere gestellt wird, ist die Selbstsucht das Gegenteil von Altruismus (Selbstlosigkeit) und

Solidarität. Von Egoismus sollte man jedoch nur dann sprechen, wenn der Handelnde ausschließlich auf seinen eigenen Vorteil bedacht ist und Nachteile für andere bewusst in Kauf nimmt. Zu Recht spricht man dann von „Ellenbogenmentalität". Gefühle und Interessen anderer werden vom „Ichling" nicht als berücksichtigungswürdig oder gar gleichberechtigt wahrgenommen. Da im Prinzip fast jedes menschliche Verhalten der Befriedigung eigener Bedürfnisse und letztlich dem Eigennutz dient, sollte man mit dem Begriff vorsichtig umgehen.

Egoismus gilt, wir sollten es stets bedenken, als infantile Haltung, was mit der mangelnden Entwicklung des kindlichen Gehirns begründet wird. Dieses ist noch gar nicht reif genug, um eine gerechte Entscheidung zu treffen.

Erich Fromm weist auf die aus dem Egoismus resultierende „unsichtbare Mauer", die der narzisstische Mensch um sich erstellt hat, hin: *„er ist alles, die Welt ist nichts – oder vielmehr: er ist die Welt"*.

Die **Egozentrik** ist umfassender als der Egoismus. Sie bezieht die Unfähigkeit mit ein, einmal die Perspektive der Mitmenschen einzunehmen und sich in deren Rolle hineinzuversetzen. Nach dem Schweizer Entwicklungspsychologen Jean Piaget führe der (kindliche) Mangel an einer Unterscheidung zwischen dem Ich und der äußeren Realität zu einer Vorrangstellung des eigenen Standpunktes, welcher dann das gesamte Wahrnehmen, Empfinden, Denken und Handeln prägt. In unerreichter Weise hat die egozentrische Haltung der laut Selbstdefinition „größte Boxer aller Zeiten" Muhammad Ali, eine Galionsfigur der narzisstischen Selbstdarstellung, gleichsam das narzisstische Zeitalter einläutend, in allerdings sehr sympathischer (weil authentischer) Weise auf den Punkt gebracht: *„Ich weiß nicht immer, wovon ich rede, aber ich weiß, dass ich recht habe"*.

Der Egozentriker misst seine Mitmenschen und deren Handlungen beständig an sich und seinen Perspektiven, er ist zum Maßstab aller Dinge, ja der ganzen Welt geworden.

Der Psychologe Dr. N., Typ des daheim weltbekannten Experten, erklärte Gott und der Welt, wie alles und jedes in der menschlichen Psyche funktioniert. Seine Äußerungen in den Medien waren beeindruckend, seine Auftritte als Sachverständiger vor Gericht überzeugend. Die alles beherrschende Lieblingsfloskel lautete: „Der Stand der Wissenschaft ist folgender …". Obwohl er selbst noch nie ein wissenschaftliches Werk veröffentlicht oder auf einem Fachkongress aufgetreten war, zweifelte er keinen Augenblick an seiner Kompetenz. Er präsentierte sich als Forscher, als über den Dingen stehenden Experten, als Repräsentanten der Wissenschaft schlechthin. Später stellte sich heraus, dass sein einziges akademisches Werk, die Doktorarbeit, ein Plagiat war.

Der Egozentriker ist von sich, seiner Haltung und seiner Meinung überzeugt. Er kann weder differenzieren noch relativieren. Nie plagen ihn Zweifel an der Richtigkeit seiner Überlegungen, der Klugheit seiner Gedanken, der Einzigartigkeit seiner Analyse und der Weisheit seiner Beurteilungen. Neben seiner Meinung hat keine andere Platz. Das Berücksichtigen von zwei Seiten einer Medaille oder mehrerer Aspekte eines Problems ist ihm weitgehend fremd. Sein Urteil ist absolut und unkorrigierbar. Der Narzisst sagt nicht: „Mir hat das Essen nicht so gut geschmeckt", sondern: „Das Essen war schlecht." In einer lebhaften Diskussion über ein modernes Kunstwerk, wo die Meinungen breit gefächert sein können, lässt er keine unterschiedlichen Argumente gelten und kommt nie zu einem Schluss wie „mir gefällt das Bild", sondern „ das Bild ist schön". Andere Meinungen werden nicht geduldet. Der Egozentriker denkt absolutistisch, er hat immer recht, sein Wissen ist perfekt, seine Kenntnisse die alleingültigen, sein Urteil unantastbar, er duldet keinen Widerspruch. Und er ist eitel, bereit, um seine Meinung mit allen Mitteln zu kämpfen:

Zwei Psychotherapeuten aus unterschiedlichen Schulen – Analytiker der eine und Psychodramatiker der andere – diskutierten über einen Patienten und gerieten in Streit. Sie waren sich diagnostisch nicht einig, vertraten unterschiedliche Krankheitshypothesen und hatten divergierende Therapievorstellungen. Jeder berief sich auf seine Methode, bezeichnete diese als die einzige überzeugende, äußerte sich verächtlich über die Theorien des anderen. Sie sprachen sich, immer erregter werdend, gegenseitig jegliche Kompetenz ab. Am Höhepunkt der Auseinandersetzungen schrie der Analytiker: „Hören Sie auf, sonst werde ich Sie gleich analysieren!" Der Psychodramatiker drohte: „Nehmen Sie sich zurück, sonst werde ich Ihr Getue gleich spiegeln!"

Fast nirgendwo wird der Narzissmus inniger gepflegt als unter denen, die vorgeben, ihn heilen zu können. Das Wort vom „Therapeutenstrich", welches derzeit unter Insidern gern verwendet wird, meint offensichtlich weniger die Kunden als vielmehr jene, die sich dort eitel darstellen.

Weniger vordergründig ist der krankhafte **Eigenbezug**. Die tief verwurzelte Unsicherheit wegen des eigenen Wertseins, die ständige Furcht vor Entwertung durch die Mitmenschen und die Zweifel an sich rufen eine überempfindliche Fokussierung auf mögliche Angriffe hervor. Überall werden Benachteiligung, Lieblosigkeit und Feindseligkeit vermutet. Undramatische Vorkommnisse werden panisch verarbeitet, allgemeine Feststellungen stets auf die eigene Person bezogen. Diese im Prinzip extrem egoistische Grundhaltung hat erhöhtes Misstrauen, manchmal wahnhafte Ausdeutungen zur Folge. Wenn man überall und jederzeit Gefahren wähnt, kann daraus tatsächlich ein Wahn resultieren.

Ein Spezifikum der egozentrischen Haltung des Narzissten liegt in der Art, wie er alle Beschreibungen, Analysen und Rückmeldungen ausschließlich in seinem auf das Ich zentrierten Sinn erfasst und interpretiert. Wird bei einer Betriebsversammlung das Team gelobt, ist nur er allein damit gemeint. Kritik hingegen wird mit derselben Ausschließlichkeit auf alle anderen verteilt. Man mag bei einem Mitarbeitergespräch seine Leistung differenziert erörtern und Stärken und Schwächen ausführlich darlegen – der Egozentriker wird nur das für seine Person Positive hören. Alles andere blendet er aus, selbst neutrale Beschreibungen prallen an ihm ab. Wenn etwas nach nur vorsichtiger, geradezu zarter Kritik riecht, wird dies nicht zur Kenntnis genommen und in Grund und Boden verdrängt.

Die narzisstische Wahrnehmung funktioniert wie ein Scanner, der ausschließlich auf Ego-Verstärkung programmiert ist. Der Fokus des gesamten Empfindens ist nur auf Anerkennung, Lob und Schmeichelei ausgerichtet und agiert nach dem Alles-oder-nichts-Prinzip. Es geht immer um die eigene Person und den eigenen Vorteil. Herrlich wird dies im Kalauer ausgedrückt: „Alle denken nur an sich, nur ich denke an mich!"

Besonders klar zeigen sich die angesprochenen Selbstwertzweifel in der bei den meisten Narzissten extrem ausgeprägten **Empfindlichkeit**. Von Kindheitstagen an von panischer Angst geplagt, nicht gut genug zu sein oder zu wenig an emotionalem „Futter" zu erhalten, wehren sie sich permanent gegen mögliche Missachtung. Sie leben in ständiger Furcht vor Tadel, Zurechtweisung und Benachteiligung.

Jede Kritik, mag sie noch so berechtigt und sachlich sein, erschüttert sein innerstes Ich und prägt sich unauslöschlich in sein Gedächtnis ein. Sie trifft seine empfindlichste Stelle und weckt seine tiefsten Ängste: nicht großartig, nicht einmalig, nicht besser als die anderen zu sein. Kritisches Hinterfragen als Gegenstück des bedingungslosen Bewunderns ist Gift für seine Seele und muss schon im Keim erstickt werden. Nachdem der Narzisst nur seine eigene Beurteilung gelten lässt und in allen Fragen die letzte Instanz darstellt, definiert nur er, was Kritik ist. Kritik bedeutet für ihn nicht nur jede andere Meinung, sondern zu wenig Zustimmung und Applaus, zu wenig Überschwänglichkeit und Bewunderung.

Als besonders bedrohlich empfinden sie den vermeintlichen oder tatsächlichen Entzug von Anerkennung, Lob und Liebe. Aus dieser permanenten Verunsicherung und tief verwurzelten Angst heraus entwickeln sie eine starre Abwehrhaltung, in der sie keinerlei Kritik mehr zulassen: „Wie kann es jemand nur wagen, mir das anzutun, mich so gering zu schätzen, mich derart zu beleidigen? Wie kann man mich so übergehen? Wie kann man nur meine Gefühle solcherart ignorieren?“, sind die durchgehend vorhandenen Fragen. Dabei wird das, was als kränkend erlebt wird, immer sensibler wahrgenommen. In seiner Dünnhäutigkeit werden selbst nicht gespendete Privilegien und normale Behandlungen als Ungeheuerlichkeit betrachtet.

Eine Ehefrau kam mit ihrem Gatten widerwillig zur Partnerschaftsberatung. Seit zwei Wochen spreche sie, so berichtete der Mann, kein einziges Wort mehr, reagiere bei seinen Gesprächsversuchen nicht mehr und antworte auf keine Frage. Tausendmal habe er versucht, ein Gespräch zu beginnen. Vergeblich habe er nach dem Grund ihres Schweigens gefragt, einmal bettelnd, einmal drohend, zuletzt schreiend. Die Frau habe ihn einfach ignoriert und behandle ihn wie Luft. Er sei verzweifelt, fühle sich völlig hilflos, sei mit seinen Nerven am Ende.
Die Beratung gestaltete sich mühselig, ein Partnergespräch kam gar nicht zustande. Während der ersten beiden Stunden verharrte die Frau, demonstrativ gekränkt und auch gegenüber dem Therapeuten sichtlich abweisend, in ihrem Mutismus. Nach zahlreichen Versuchen und langem Abwarten platzte es schließlich aus ihr heraus: „Ich bin beleidigt, weil du mich beleidigt hast. Wie konntest du es nur wagen, nach unserem letzten Krach fast zwei Stunden lang kein Wort zu sagen.“

Die Geschichte der Empfindlichkeit und Gekränktheit ist die Geschichte des Menschen. Treffende Beispiele finden wir in Künstlerbiografien. Berühmt sind die gekränkten Reaktionen des Komponisten Robert Schumann. Der psychisch ohnehin labilisierte Mann war oft zutiefst beleidigt, wenn er sich durch die

Konzerterfolge seiner Gattin Clara Wieck, einer damals berühmten Pianistin, zurückgesetzt sah. Als diese etwa auf einer Russland-Tournee gefeiert wurde, trug er in sein Tagebuch ein: „*Kränkungen kaum zu ertragen und Claras Benehmen dabei*". Er litt dann unter schweren Spannungen, heftigen Angstgefühlen, tiefen Depressionen und körperlichen Verkrampfungen, sodass er selbst gar nicht mehr Klavier spielen konnte. Als Clara nach einem Konzert in Oldenburg allein zu einem Empfang bei Hof eingeladen wurde und sich hinterher zufrieden äußerte, hielt er im Tagebuch fest: „*Der Gedanke meiner unwürdigen Stellung in solchen Fällen ließ aber keine Freude in mir aufkommen*". Er brach die Reise ab, sprach exzessiv dem Alkohol zu und war unfähig zu jeder schöpferischen Tätigkeit. Die meisten Psychiater, die sich mit Robert Schumann beschäftigt haben, führen auch seine späteren psychotischen Dekompensationen und den zur dauerhaften Unterbringung in einer psychiatrischen Anstalt führenden Suizidversuch – er hatte sich am Rosenmontag des Jahres 1854 in den Rhein gestürzt, nachdem er zuvor noch seinen Ehering in die Fluten geworfen hatte – auf Kränkungen zurück.

Auch der Dichter Heinrich von Kleist gilt als ein Paradebeispiel für die menschliche Kränkbarkeit. Bezeichnenderweise hat dieser mit der Novelle „Michael Kohlhaas" das klassische Werk der Querulanz, einer speziellen Verarbeitung menschlicher Kränkbarkeit, geschrieben. In psychologisch großartiger Weise wird die Entwicklung eines ehrlichen und gütigen Menschen zum Räuber und Mörder geschildert, nachdem es zu einer Reihe von Ungerechtigkeiten und Kränkungen gekommen ist.

Im Schauspiel „Das Käthchen von Heilbronn" geht Kleist auf die Selbstliebe ein. Wolfgang Schmidbauer hat in einer Abhandlung über „Kleist und die menschliche Kränkbarkeit" eindrucksvoll darauf hingewiesen, dass Kleist dank seiner glänzenden Intelligenz den Mangel an einfühlender Spiegelung während seiner frühen Kindheit und die traumatische Störung in seinem Selbstgefühl immer wieder kompensieren konnte. Er beschrieb *„das jähe, manchmal selbstzerstörerische Kippen von der Idealisierung in die Entwertung"*, welches bewunderte und schwärmerisch geliebte Personen ebenso treffen kann wie künstlerische Werke oder politische Systeme, als eines der typischen Zeichen einer narzisstisch überlasteten Persönlichkeit. Eindrucksvoll schildert Kleist diesen Seelenzustand elf Tage vor seinem Freitod in einem Brief:

„... meine Seele ist so wund, dass mir, ich möchte fast sagen, wenn ich die Nase aus dem Fenster stecke, das Tageslicht wehe tut, das mir darauf schimmert. Das wird mancher für Krankheit und überspannt halten; ... Dadurch, dass ich mit Schönheit und Sitte seit meiner frühsten Jugend an in meinen Gedanken und Schreibereien unaufhörlichen Umgang gepflogen, bin ich so empfindlich geworden, dass mich die kleinsten Angriffe, denen das Gefühl jedes Menschen nach dem Lauf der Dinge hienieden ausgesetzt ist, doppelt und dreifach schmerzen."

Der **Empathiemangel** ist ein weiterer zentraler Baustein jeder narzisstischen Störung.

Die Empathie, die Brücke zum Herzen, ist als Fähigkeit, sich ohne Vorbehalte in andere Menschen hineinzuversetzen und an deren Gedankengängen und Gefühlen aktiv mitzuleben, Voraussetzung für gute menschliche Kommunikation. Nur durch Einfühlen ist es möglich, einander zu verstehen, die Sichtweise des anderen zu akzeptieren, Konflikte zu vermeiden und Achtsamkeit aufzubringen. *„Empathy is a quality of character that can change the world"*, lautet einer der bemerkenswertesten Sätze von Barack Obama.

Vordergründig gesehen, könnte man Empathiemangel als Nebenprodukt der extrem egozentrischen Ausrichtung betrachten. Wenn alle Aufmerksamkeit und Zuwendung der eigenen Person gilt, bleibt für andere Menschen nichts mehr übrig. Tiefenpsychologisch wird das unterentwickelte Einfühlungsvermögen auf Enttäuschungen und Traumatisierungen in der Kindheit zurückgeführt. Das in seiner Gefühlswelt massiv getroffene Kind hat in sich alle Gemütsregungen abgetötet, um die Kränkungen ertragen zu können. Leider fehlt das Einfühlungsvermögen dann später in allen Bereichen, auch in den wünschenswerten und positiven. Empathiemangel entspricht einer nicht entwickelten, niedrigen emotionalen Intelligenz.

Kennt der Narzisst Mitleid? Dieses menschlichste aller Gefühle, welches Liebe zu den Menschen, Leiden-Können und Einfühlungsfähigkeit voraussetzt. Der Ausdruck Mitleid braucht kaum erklärt oder übersetzt zu werden. Mit-Leiden ist selbstredend und heißt, den anderen ganz zu verstehen und zu akzeptieren, sich in ihn hineinzuversetzen, ja sein ganzes Fühlen zu übernehmen, in ihm zu leiden. Mitleid ist ohne Liebe zu anderen Wesen, Mensch, Tier und Umwelt, nicht möglich. Die Theologen sagen, allein die Gottesliebe sei mitleidsfrei, weil es bei einem göttlichen Wesen nichts zu bemitleiden gibt und Gott kein Mitleid braucht.

Der Manager wurde am Morgen von einem lästigen Zwischenfall aufgehalten. Beim Einparken hatte er eine alte Frau nicht gesehen, das rückwärts fahrende Auto touchierte ihren Stock, sie kam zu Sturz. Sie zog sich einen Schenkelhalsbruch zu, erholte sich nicht mehr und wurde zum Pflegefall. Ihr Leben hatte sich durch die Unachtsamkeit des Managers grundlegend geändert, negativ, für alle noch verbleibende Zeit. Sofort übergab der Manager die Angelegenheit seinem Anwalt und teilte mit, er wolle damit nicht mehr belästigt werden. Kein Entschuldigungsschreiben an die Frau, kein gutes Wort, kein Blumenstrauß an das Pflegebett. Als ihn der Anwalt über die Größe des Schadens, die zu erwartenden Verhandlungen und das schlimme Schicksal der Frau informierte, lautete dessen Antwort: „Da werde ich durch diese Oma schon auf dem Weg ins Geschäft aufgehalten. Und jetzt noch Ihre Anrufe. Solche Altweibergeschichten interessieren mich nicht, das ist Ihre Angelegenheit. Verschonen Sie mich mit dem Krimskrams, ich will nichts mehr davon hören!“

Dem Narzissten ist das Mitleid nicht völlig fremd, seine Möglichkeiten sind allerdings sehr eingeengt. Echtes Hineinfühlen ist ihm ja nicht möglich. Er spaltet das Gefühl des Mitleidens ab und betrachtet es als „Sache“, die man einsetzt und gebraucht. Mitleiden geschieht beim Narzissten auf einem oberflächlichen Niveau, ohne Tiefgang und fern jeder echten Betroffenheit. Wenn der Narzisst Mitleid hat oder Mitleid vorgibt, betrachtet er dies als Gnadenakt oder noble Geste, die zu seiner großartigen Persönlichkeit gehört.

Gesundes Mitleid darf sich nicht gleich der Flamme selbst verzehren, es würde dann nichts bewirken und hätte reinen Selbstzweck. Wenn der Mitleidende am vermeintlichen oder tatsächlichen Elend der Welt zugrunde geht, bekommt es einen quälerischen, masochistischen, ja sogar narzisstischen Charakter. Selbstlos gewordenes Mitleid ist nicht mehr wärmend, nicht heilend, nicht helfend. Als Friedrich Nietzsche, der Feind des Mitleids, in Turin einem Pferd um den Hals gefallen ist und dessen Elend beweinte, war dies keine philosophische Aktion, sondern ein psychischer Zusammenbruch und Symptom seiner schweren Gehirnerkrankung.

Echtes Mitleid kann aber nur haben, wer Selbstbewusstsein und -sicherheit sowie eine große Ich-Stärke hat, da sonst das ganze Leidensgefühl von den eigenen Problemen aufgesaugt und vom Mitleid mit sich selbst verbraucht wird. Mitleiden zu können ist also Ausdruck einer selbstsicheren, reifen Persönlichkeit. Mitleid ist eines der edelsten Gefühle, Ausdruck höchster Sozialisation und Voraussetzung für eine tatsächlich „menschliche“ Gesellschaft.

Ausgesprochen hohes Mitleid hat der Narzisst aber mit sich selbst, nur mit sich. Lange Zeit vermeidet der Narzisst jegliches Selbstmitleid, dies hieße ja, eine Schwäche zuzugeben. Wenn es dann aber nicht mehr anders geht, taucht er voll hinein in seine Selbstmitleidigkeit und inszeniert seinen Schmerz, seinen Frust und seine Niederlage als einzigartiges Drama.

Roger N., ehemals Tennislehrer und dann als Animateur tätig, fuhr mit seiner sehr attraktiven Gattin im offenen Cabrio übers Land. Ihre wiederholten Bitten, vorsichtiger zu fahren, wies er rüde zurück. Die beiden gerieten in heftigen Streit, Roger drückte noch stärker aufs Gaspedal und es kam, wie es kommen musste. Während er selbst nach dem mehrfachen Überschlag des Pkw das Wrack fast unverletzt verließ, erlitt seine Frau mehrere Knochenbrüche und schwerste Schnittverletzungen im Gesicht. Nach intensivmedizinischer Behandlung, zahlreichen Operationen und lang dauernden Rehabilitationskuren blieben chronische Schmerzen und Bewegungseinschränkungen zurück, vor allem aber entstellende Narben im Gesicht. Roger suchte einen Therapeuten auf, zeigte sich am Boden zerstört und jammerte über sein schweres Schicksal, er begann lauthals zu weinen. Befragt nach dem Grund für seinen Zusammenbruch, nannte er nicht schlechtes Gewissen, Schuldgefühle oder gar Mitleid mit seiner Gattin, sondern meinte: „Wie stehe ich jetzt da, mit einer Frau, mit der ich mich schämen muss.“

Wenn der Narzisst einen Angriff nicht abwehren kann, wenn er von einer Krankheit getroffen wird oder einen Schicksalsschlag zu ertragen hat, wenn er im Augenblick zu keiner grandiosen Lösung fähig ist, fällt er in tiefstes Selbstmitleid. Wie kann es nur jemand wagen, so rücksichtslos mit mir zu sein, auf meinen Gefühlen so herumzutrampeln, mich derart zu missachten? Warum gerade ich, fragt er sich bei Schicksalsschlägen und Krankheiten, wie ist so viel Ungerechtigkeit möglich? Es sind oft Kleinigkeiten, allerdings unabänderliche, welche den Narzissten bis ins Mark erschüttern und bei ihm eine selbstmitleidige Katastrophe hervorrufen. So unfähig er ist, mit anderen zu leiden, so überdimensional bedauert er sich selbst. Art und Schwere seines Selbstmitleides heben ihn wieder aus der Masse heraus und geben ihm das Gefühl, selbst im Leid einzigartig zu sein.

Das vierte E schließlich, die **Entwertung** anderer, beruht auf einem speziellen psychischen Mechanismus. Im Gegensatz zum „normalen" narzisstischen Agieren, welches der eigenen Aufwertung, der Selbsterhöhung dient, bleibt der Entwerter so, wie er ist: der höchst durchschnittliche Mensch, die farblose „graue Maus". Da aber auch er den anderen überlegen sein möchte, schafft er sich seine herausragende Position durch Niederdrücken der anderen. Der Narzisst versucht, sich selbst aufzuwerten, indem er andere niedermacht. So bleibt er trotz seiner Einäugigkeit der König unter den Blinden. Das entwertende Element gibt dem Narzissmus einen bösen Charakter. Die der Rettung des eigenen Selbstwertes dienenden Destruktionen treffen zwangsläufig alle Mitmenschen. Entwertung äußert sich in Schuldzuweisungen, in Mobbing und Zynismus. Am dramatischsten zeigt sie sich bei Sadisten, Serienkillern und bösartigen Diktatoren. Aber nicht nur dort:

Herr und Frau K., beruflich durch ihren pädagogischen Beruf vereint und privat mäßig glücklich verheiratet, galten beide als Experten für Jugendgewalt. Die fruchtbare Konspiration der beiden wurde durch den jeweiligen Ehrgeiz und durch erhebliche fachliche Eifersucht manchmal empfindlich gestört. Als Frau K. ein Fernsehinterview zu aktuellen Jugendkrawallen gab, missfiel dies ihrem Gatten sichtlich. Er stellte sie vor dem gemeinsamen Mitarbeiterteam zur Rede und meinte auf dem Höhepunkt der mit großem Eifer geführten fachlichen Auseinandersetzung: „Bei deinem nächsten Fernsehauftritt wird dich der Reporter L. interviewen." – „Wieso Herr L.?", fragte die verdutzte Frau. Die Antwort ihrer (im narzisstischen Sinn des Wortes) besseren Hälfte: „Weil der für Archäologie zuständig ist."

Im modernen Leben zeigt sich die Entwertung anderer Menschen besonders eindrucksvoll in der Wirtschaft. Sanieren eines Betriebes meint nichts anderes als die kalte Entlassung von Mitarbeitern.

Allein das Bild des Gesundmachens suggeriert, dass Menschen etwas Krankes und Störendes seien, von denen man den Betrieb „heilen“ müsse. Diese Denkweise setzt sich mit dem Ausdruck „Freisetzen“ von Mitarbeitern, was nichts anderes als die Zerstörung beruflicher Existenzen und wirtschaftlicher Grundlagen ganzer Familien bedeutet, fort.

Sie werden sich nun, verehrte Leserinnen und Leser, wohl fragen, wo die Eigenliebe bleibt. Diese gilt ja allgemein als das Wesentliche einer narzisstischen Störung. Wenn man es aber genau betrachtet, hat Narzissmus nichts mit Selbstliebe, ja überhaupt nichts mit Liebe zu tun. Der Narzisst liebt nicht wirklich, sondern nur oberflächlich und vordergründig, nicht mit Tiefgang und innerer Berührtheit. Das Gefühl der Liebe ist ihm fremd, sowohl für einen anderen Menschen als auch für sich selbst. Lassen Sie sich dies von Erich Fromm, der so viel über die Psychologie der Liebe und über den Narzissmus geschrieben hat, erklären:

„Was für den Selbstsüchtigen gilt, gilt auch für den narzisstischen Menschen. Dessen allgegenwärtiges Interesse ist es weniger, sich Dinge anzueignen, als vielmehr, sich selbst zu bewundern. Oberflächlich betrachtet scheinen diese Menschen in sich selbst verliebt zu sein; in Wirklichkeit aber können sie sich nicht leiden, und mit ihrem Narzissmus wie mit der Selbstsucht kompensieren sie einen grundlegenden Mangel an Selbstliebe. Freud hat betont, dass der Narzisst seine Liebe vom anderen zurückzieht und auf die eigene Person richtet. Der erste Teil dieser Behauptung ist richtig, der zweite ist ein Trugschluss. Er liebt weder die anderen noch sich selbst.“

Erich Fromm, „Die Antwort der Liebe“

Die schöne Verwandtschaft des Narzissmus oder Hochmut, Eitelkeit, Hysterie, Gier

Ein Institutsvorstand, Professor der Wirtschaftswissenschaften, nahm an der Gastvorlesung einer international bekannten Kapazität teil. Zur Überraschung aller suchte er keinen Platz in der den Honoratioren vorbehaltenen ersten Reihe, sondern setzte sich mitten unter die Studenten. Eilfertig kamen seine Assistenten, von ihm sonst als „Jubelknechte“ bezeichnet, und baten ihn, doch auf dem reservierten Ehrenplatz in der ersten Reihe Platz zu nehmen. Ohne jegliche Gemütsregung antwortete der Professor: „Dort wo ich sitze, ist die erste Reihe!“

Narzissten wirken oft hochmütig, fast immer sind sie es auch. In ihrer Selbstüberschätzung legen sie meist eine erheblich anmaßende und eingebildete Haltung an den Tag, welche ihnen eine typische Ausstrahlung verleiht und soziale Distanz vermittelt. Hochmut allein ist aber noch nicht Narzissmus, vielmehr gehört er zu dessen enger Verwandtschaft.

Hochmut hat nichts mit „Mut“ zu tun, sondern weist in seiner ursprünglichen Bedeutung auf das abgehobene, hoch angesiedelte „Gemüt“ hin, auf die Überheblichkeit.

In der griechischen Mythologie nimmt die *Hybris*, die menschliche Selbstüberschätzung, eine ganz zentrale Rolle ein. Hybris, eine Nymphe, war eine der vielen Geliebten des Göttervaters Zeus, mit welcher er den Halbgott Pan gezeugt haben soll. Darin spiegelt sich das Gierige und Lüsterne wider, welches mit dem Hybris-Begriff verbunden ist. In erster Linie bedeutet Hybris aber mutwillige Gewalt und Frechheit. Als menschlicher Übermut löst sie Tragödien aus und wird von den Göttern unbarmherzig gestraft. So habe Prometheus in einem Anflug narzisstischer Selbstüberschätzung dem Menschen das Feuer gebracht, wofür er, der Lehrmeister und Kulturstifter der Menschheit, grausam büßen musste. Zeus, der oberste Gott, ließ ihn fangen und an einen Felsen des Kaukasusgebirges fesseln, wo die sich stets erneuernde Leber des Unsterblichen täglich von einem Adler angefressen wurde. Als der von seiner Flötenkunst überzeugte Satyr Marsyas den Musengott Apollon zum Musikwettstreit herausforderte und unterlag, wurde er wegen seines Übermuts vom Sieger an einer Fichte aufgehängt und bei lebendigem Leib gehäutet. Auch den Freiern der Penelope, der Frau des Odysseus, ist es nicht viel besser ergangen. Ihre Hybris hat sich gerächt, sie alle wurden von Odysseus zur Verantwortung gezogen und getötet. Übermut, Anmaßung und Frevel führen zu Fall und Tod, weil es die Götter nicht dulden, wenn man ihnen gleich sein will. Die menschliche Hybris wird immer durch den gerechten göttlichen Zorn, die *Nemesis*, beendet. Ergeht es so nicht auch dem Narzissten?

Das Verführerische, aber auch das Gefährliche und Verderbliche von Hybris und Nemesis, von Überheblichkeit und tiefem Fall, findet sich in der mannigfachen begrifflichen Verwendung beider Ausdrücke in unserer Zeit wieder: Hybris ist der Name eines Software-Herstellers und eines Musiklabels. Nemesis, heute eher als „ausgleichende und vergeltende Gerechtigkeit“ beschrieben, dient als Titel für Kriminal- und Science-Fiction-Romane, für Theaterstücke und Filme, aber auch als Code-Name für kriegerische Operationen.

Kirchenväter und mittelalterliche Theologen haben sich mit Stolz oder Hochmut befasst und dabei eine modern anmutende Beschreibung des Narzissmus geliefert.

Im 4. Jahrhundert zog sich der christliche Mönch Evagrius Ponticus in die Wüste zurück, nachdem er auf alle kirchlichen Ehren verzichtet hatte. In der Einsamkeit beschrieb er die „acht Dämonen“ der menschlichen Psyche: Völlerei, Unkeuschheit,

Habsucht, Zorn, Trübsinn, Faulheit, Ruhmsucht – und Stolz. Nach seiner Vorstellung setze sich die Todsünde des „Hochmuts" aus Stolz (Superbia) und Ruhmsucht (Gloria) zusammen. In diesen beiden Fehlhandlungen liege die Wurzel der Vermessenheit und der Prahlerei.

Im „Sündenkatalog" der heutigen Zeit ist Hochmut allerdings nicht mehr enthalten. Als der britische Kultursender Radio 4 seine Hörer aufforderte, eine Liste der modernen Sünden zu erstellen, schaffte es von den sieben religiösen Todsünden nur noch die Trägheit in das aktuelle Sündenregister. Dies ist wohl ein klarer Hinweis auf den heutigen Zeitgeist, in welchem Arroganz und Überheblichkeit eher als Tugend denn als Makel gelten. Allerdings haben die Hörer von Radio 4 die „Selbstsucht", also den Narzissmus, an die Spitze der schlimmsten Sünden unserer Zeit und Gesellschaft gestellt. Noch vor Heuchelei, Gleichgültigkeit, Intoleranz, Ignoranz, Täuschung, Vergeudung, Grausamkeit und Zynismus.

Daraus könnte man folgern: Wenn Stolz die Todsünde der Theologie genannt wird, kann man Narzissmus zu Recht als Todsünde der Psychiatrie bezeichnen. Der Narzisst lebt nach modernem Verständnis in einer ständigen Selbstüberhebung, sei es, dass er sich allen anderen weit überlegen fühlt, oder sei es, dass er selbst durchschnittlich bleibt, aber die anderen ständig entwertet und unterdrückt. In beiden Fällen ragt er heraus und sieht sich in einer prominenten, wichtigen, abgehobenen Position.

Hochmut ist für den Narzissten aber auch die größte Gefahr und wird ihm oft zum Verhängnis. Dies meint wohl auch das alttestamentarische Wort aus dem „Buch der Sprüche" (16, 18): „Hochmut kommt vor dem Fall". Auch heute enden Vermessenheit und Selbstüberhebung mit bösem Erwachen und Absturz. Der Philosoph Sir Karl Popper hat unseren Umgang mit der Natur, der Umwelt, den Ressourcen und der Gestaltung der Welt mit diesem Ausdruck bezeichnet: *„Die Hybris, die uns versuchen lässt, das Himmelreich auf Erden zu verwirklichen, verführt uns dazu, unsere gute Erde in eine Hölle zu verwandeln."*

In moderner Zeit wurde für die narzisstische Überheblichkeit der Ausdruck „Titanic-Syndrom“ kreiert. Man meint damit, abgeleitet von der als unsinkbar geltenden, am 14. April 1912 gesunkenen „Titanic“, ein Gefühl der eigenen Unverletzlichkeit. Im narzisstischen Gefühl des Hoch- und Übermuts werden reale Gefahren nicht mehr erkannt und analog dem „Tanzen bis zum Untergang“ vollkommen verdrängt. Was anderes ist unser Umgang mit Umwelt und natürlichen Ressourcen? Was anderes der selbst rauchende Arzt, welcher seine Patienten vor den Gefahren der Zigarette warnt und eindrücklich auf Lungenkrebs und Herzinfarkt hinweist?

* * *

Eng verwandt mit dem Narzissmus ist die **Hysterie**. Man könnte von einem Zwilling sprechen. Leider hat dieser ursprünglich neutral verwendete Fachausdruck eine negative Bedeutung bekommen. Wir bezeichnen heute emotionales, affektiv betontes Verhalten oder akzentuiertes Auftreten sofort als hysterisch und meinen damit Übertreibung im Positiven und im Negativen, weiters überzogene Selbstdarstellung und den Versuch, sich in den Mittelpunkt zu stellen.

Tatsächlich handelt es sich bei der Hysterie aber um keinen Persönlichkeitsmangel, sondern um eine neurotische Störung, welche durch ein vielfältiges körperliches Beschwerdebild ohne organische Grundlage charakterisiert ist. Den Höhepunkt hatten die hysterischen Störungen noch vor der Zeit der perfekten medizinischen Diagnostik, als praktisch jedes Leiden hysterisch bedingt sein konnte, von Lähmungen bis Blindheit, von Gefühlsstörungen bis zu allen möglichen Schmerzen. Ursprünglich wurde das Krankheitskonzept der Hysterie in der alten griechischen Medizin entworfen, ausgehend von der Vorstellung, dass die unbefriedigte Gebärmutter, die Hysterix, sich gleichsam aus dem sexuellen Bereich entferne und im Körper umherwandere. Sie mache sich dann an Organen fest, welche Ausdruck dieses Konfliktes seien. Die Hysterie wurde deshalb als Störungsbild, welches ausschließlich bei Frauen auftrete, betrachtet. Später wurden verschiedene zusätzliche Persönlichkeitsmerkmale bei Hysteriekranken beschrieben: Ich-Bezogenheit, Geltungs- und Kritiksucht, Übertreibung und Selbstdarstellung. Ist das nicht eine perfekte Beschreibung des Narzissmus?

Nach heutiger Vorstellung gelten hysterische Reaktionen als Versuch der Konfliktlösung, der bei beiden Geschlechtern gleichermaßen erfolgt. Ähnlich wie beim Narzissmus kann es zu entsprechenden Reaktionen, aber auch zur Prägung der gesamten Persönlichkeit kommen. Die heute als histrionisch bezeichnete Persönlichkeitsstörung ist nach der Internationalen Klassifikation psychischer Störungen definiert durch dramatische Selbstdarstellung und theatralisches Auftreten, durch übertriebenen Ausdruck von Gefühlen und oberflächliche Affekte, durch Suggestibilität und unangemessenes verführerisches Verhalten, durch ständige Suche nach Sensationen und den Wunsch, im Mittelpunkt der Aufmerksamkeit zu stehen. Histrionische Menschen fühlen sich nicht wohl, wenn sich nicht alles um sie dreht. Sie setzen – insbesondere in therapeutischen Begegnungen – körperliche Symptome ein, um die Aufmerksamkeit auf sich zu lenken. Sie haben einen übertriebenen Sprachstil und stellen sich durch Selbsttraumatisierung in den Vordergrund.

Im Gegensatz zum Narzissten sind sie weniger kränkend und weniger entwertend. Hysterische Menschen sind leichter zu ertragen als narzisstische, sie erzeugen oft Missfallen und Ärger, aber weniger Schuld- und Unterlegenheitsgefühle.

* * *

Zur weiteren Verwandtschaft des Narzissmus gehört die **Gier**. Damit meint man das starke Verlangen nach Anerkennung, Besitz und Macht, meint Wollust, meint Süchtigkeit, wie es bei der Raffgier und der Geldgier zum Ausdruck kommt. Die Gier nimmt mit dem Zuwachs von Ruhm und Reichtum nicht ab, sondern zu. Sie ist unersättlich und grenzenlos. Im Gegensatz zur Sucht kommt es beim Gierigen aber zu keinen Kontrollverlusten, zu keinen Hirnschäden und zu keinen Entzugserscheinungen. Gier ist nicht Krankheit, sondern Charakterschwäche. Gier ist keine Abhängigkeit, sondern Teil der Persönlichkeit.

In jüngster Zeit hat diese alte Todsünde eine ungeahnte Renaissance erlebt. Wir lesen täglich von der Gier der Manager und der Märkte, von der großen und grenzenlosen Gier, von der Gier als Ursache von Krise und sozialer Ungerechtigkeit. Wie für den Narzissten ist es auch für den Gierigen selbstverständlich, mehr zu fordern als zu geben. Wir sprechen von den Fratzen der Gier. Jesus wetterte gegen die Gier der Geldwechsler, der Apostel Paulus nannte sie die „Wurzel allen Übels", der Katechismus hat sie neben Hochmut, Wollust, Zorn, Völlerei, Neid und Faulheit in die Liste der Todsünden aufgenommen. Und auch das Lebensrad der Buddhisten kennt die Gier als eines der drei „Geistesgifte", neben Unwissenheit und Hass.

Nach Meinung vieler Soziologen stelle die „Entfesselung der Gier" heute einen gesellschaftlichen Trend dar, gleich wie der Narzissmus. Der heutige Konsum sei nicht mehr von Genuss, sondern von Gier geprägt. Moderne Hirnforscher sehen die Ursachen der Gier in einer Störung eines für die „Belohnungserwartung" zuständigen Hirnkernes, in dem das „Seeking-System", das „Leuchtfeuer des Anreizes", lokalisiert sei. Wenn der für die innere Balance zuständige Kern geschädigt ist, gibt die Angst-Lust-Spannung keine Ruhe mehr.

Die Gier endet nie, solange ein anderer mehr hat. In einer zwischenzeitlich berühmt gewordenen Untersuchung wies die Informatikerin Ulrike Lechner mit verschiedenen Tests nach, dass die Menschen im Zweifel lieber 100.000 Euro verdienen, wenn die anderen nur 50.000 Euro verdienen, statt 200.000, wenn die anderen 300.000 bekommen. Ähnlich wie beim Narzissten gibt es nur eine Angst: Ein anderer könnte mehr besitzen. Die Gier ist unersättlich. Sie führt zu keiner wirklichen Befriedigung, sondern immer zu Frustration und Isolation. Es ist wie beim Narzissmus.

Und was meint der Philosoph?

Es wäre narzisstisch, die Interpretation des Narzissmus nur von einer wissenschaftlichen Seite aus zu betrachten und die Deutungshoheit dieser so vielfältigen Störung nur den „Psy-Wissenschaften“ zu überlassen. Wie der Narzissmus viele Ursachen und viele Gesichter hat, ist auch sein Wesen nur mit unterschiedlichen Hypothesen und aus verschiedenen Perspektiven weiter zu erhellen. Lassen wir deshalb zum Schluss der Ausführungen über das Wesen des Narzissmus einen der prominentesten Vertreter der Philosophie zu Wort kommen. Seine Überlegungen haben zudem den Vorteil, nicht vom heutigen Zeitgeist geprägt zu sein, weshalb ihnen wohl ein allgemeingültigerer Charakter zukommt:

„Das größte von allen Übeln aber ist den meisten Menschen in der Seele eingeboren, dass jedermann sich selbst verzeiht und daher nicht auf Mittel sinnt, ihm zu entrinnen. Es ist das, was man mit der Behauptung meint, dass jeder Mensch von Natur sich selbst lieb und wert ist und dass es in der Ordnung ist, dass er so sein muss. In Wahrheit aber wird dies für jeden jederzeit zur Ursache aller Fehltritte wegen der übergroßen Selbstliebe. Denn der Liebende wird blind für das, was er liebt, sodass er das Gerechte, das Gute und das Schöne falsch beurteilt, weil er das Seine stets höher als das Wahre schätzen zu müssen meint; denn nicht sich selbst noch das Seine muss derjenige lieben, der ein großer Mann werden will, sondern das Gerechte, mag es nun bei ihm selbst oder bei einem andern mehr geübt werden. Von eben diesem Fehler rührt auch der her, dass die eigene Unwissenheit allen als Weisheit erscheint; die Folge ist, dass wir, während wir, genau

gesagt, gar nichts wissen, dennoch alles zu wissen glauben, und weil wir nicht anderen das, was wir nicht verstehen, auszuführen überlassen, begehen wir unvermeidlich Fehler, wenn wir es selbst ausführen. Darum muss jeder Mensch die allzu große Selbstliebe meiden und stets demjenigen nachstreben, der besser ist als er, ohne irgendeine Scham hierbei vorzuschützen.“

Platon (427–347 v. Chr.): Gesetze V, 731d–732b

Allein die Dosis macht narzisstisch
oder
Das Selbst und sein Wert

Wissen Sie, wie viel Sie wert sind? Was verstehen Sie unter Wert, werden Sie verdutzt fragen, und welchen Wert meinen Sie? Den Versicherungswert, den in Euro, den ideellen oder gar den inneren?

Zunächst Ihren eigenen, welchen Wert haben Sie für sich selbst? Mein Wert wird verschieden sein, für die einen hoch, für die anderen gering. Für jemand bin ich alles, für die meisten nichts. Aber für mich selbst? Klar, kommt es nach längerem Nachdenken aus Ihnen heraus, ich hab' schon mal bei Gehaltsverhandlungen mit Pokerface zum Chef gesagt, ich kenne meinen Wert sehr gut. Das hat ihn mächtig beeindruckt. Nach Niederlagen tröste ich mich manchmal mit den Worten, ich sei weit unter meinem Wert geschlagen worden. Und nach einem sündteuren Einkauf hab' ich schlechten Gewissens gesagt, das bin ich mir wert. Aber sonst ...?

Was verstehen Sie unter Selbst, lautet Ihre zaghafte Gegenfrage. Meinen Sie damit mein Hirn und Herz, mein Denken und Fühlen, meinen Körper und Verstand? Das alles zusammen oder noch etwas dazu? Was ist überhaupt das „Selbst", was das Ich ... und wer bin ich?

Und was sind Sie den anderen wert? Das kommt drauf an, eigentlich spricht man kaum darüber. Obwohl sich unsere Welt nur um Geld, Besitz und Werte dreht. Wenn ich genau nachdenke, wird viel über meinen Wert verhandelt. Man schätzt den Wert meiner Gesundheit und – je nach errechnetem Ablaufdatum – meines Lebens, jenen von Ausbildung, Beruf, Einfluss und Ansehen. Man versichert den Wert meiner Arbeitskraft und meines Besitzes. Ich habe Wert als treuer und potenzieller Kunde, als Stammgast und Wähler. Meine persönlichen Daten und selbst meine Adressen sind sehr viel wert. In jungen Jahren höre ich vom Wert der Jugend und im Alter von jenem der Lebenserfahrung. Ist das aber der wahre, oder besser gesagt: der richtige und der wichtige Wert? Was an mir ist den anderen wie viel wert? Wie misst man das überhaupt? Sie geraten in leichten Stress.

Beruhigen, durchatmen, Adrenalin drosseln. Die einfache Überlegung zum Wert des Selbst ist tatsächlich irritierend und verwirrend. Sie wirft Grundsätzliches auf, stürzt uns in Zweifel und lässt uns ratlos zurück. Vielleicht, weil es um eine der zentralsten Fragen des menschlichen Lebens überhaupt geht. Unsere psychische Entwicklung dreht sich von Anfang an um die Bedeutung des Ich und die Erarbeitung des Selbst. Die Bildung der eigenständigen Persönlichkeit heißt nichts anderes als Etablierung des gesunden Selbstwertes. Unser Empfinden und Denken kreist ständig um Wichtigkeiten und Wert der eigenen Person. Wenn wir über unser Selbstbild nachdenken, geht es genauso um den Eigenwert wie bei den sozialen Kontakten, in der Kommunikation oder im Durchsetzungsvermögen.

Wenn man die psychologische Bedeutung des Selbstwertes betrachtet, ist es eigentlich erstaunlich, wie schwer wir uns tun, ihn zu beschreiben, zu messen und handfest zu machen. Wohl wissen wir recht gut, was mit Selbstwert gemeint ist, können ihn aber nur schwer definieren. Der Begriff des eigenen Wertes ist kaum zu fassen, bleibt unklar und – das mag gut sein – ein Stück weit geheimnisvoll. Wir spüren aber die Wichtigkeit unseres Selbstwertes sehr genau und reagieren auf Beeinträchtigungen äußerst sensibel. Genauso haben wir ein sehr feines Gespür für das Selbstwertgefühl anderer Personen. Instinktiv erfassen wir, ob jemand selbstsicher und bestimmt, wenig überzeugend und schüchtern ist, ob er ein starkes Ego oder ein zweiflerisches Ich hat. Wir registrieren, ob jemand arrogant und selbstüberschätzend auftritt. Auf niedrigen und noch viel mehr auf übersteigerten Selbstwert der anderen reagieren wir empfindlich und meist irritiert. Mitmenschen mit zu viel Selbstbewusstsein erleben wir als unangenehm und bedrohlich. Nicht selten hängt unser eigenes Lebensgefühl, unser Wohlfühlen von der Selbstwertpräsentation der engeren Mitmenschen ab.

Das Selbstwertgefühl ist jedenfalls ein wichtiger, wenn nicht überhaupt der zentrale Teil des Selbstbildes. Vermessungen von Selbst- und Fremdbild sind aber ähnlich schwierig wie das Abwägen des Selbstwertes. Zwar lassen sich manche Merkmale beobachten und verschiedene Verhaltensweisen eindeutig erfassen, doch ist eine objektive Beurteilung eines Menschen in seiner Gesamtheit methodologisch nicht einfach und hängt ganz entscheidend von der Perspektive ab.

Fremde Beobachter beurteilen Menschen meist negativer als Nahestehende. Die Eigenbeurteilung bringt – wenig überraschend – ganz unterschiedliche Ergebnisse. Personen mit stark ausgeprägtem Selbstwertgefühl sehen sich als intelligenter, kreativer, kompetenter, aktiver und freundlicher. Neurotische und depressive Personen beurteilen sich selbst zu kritisch und registrieren vor allem die schwachen und negativen Anteile der eigenen Person.

Schon in den 1990er-Jahren haben die amerikanischen Forscher Oliver P. John und Richard W. Robins auf die Bedeutung narzisstischer Züge bei Personen mit zu positivem Selbstbild hingewiesen. In ihren Experimenten, bei denen sich eine größere Zahl von Menschen selbst bewerten sollten, zeigte sich immer wieder folgendes Muster: Nur bei etwa 50 Prozent stimmen Selbst- und Fremdbeurteilung überein. 35 Prozent haben ein negativ verzerrtes Selbstbild, neigen also zur Selbstverkleinerung, die anderen zu Selbsterhöhung, zu Narzissmus.

Nichts interessiert uns mehr als die Meinung der anderen über unseren Wert und unsere Person, im engen Kreis wie in der großen Gesellschaft. Wovor haben wir mehr Angst als vor Kritik, Missachtung, Kränkung und dem Gefühl, nichts zu gelten und keinen Wert zu haben? Wie tut es uns doch wohl, wenn wir hören, wie wichtig und unverzichtbar wir sind. Kaum eine andere Frage ist verlockender, im positiven wie im negativen Sinn. Nichts erzeugt so viel an Angst-Lust-Spannung wie neue Selbsterkenntnisse oder Reflexionen der Mitmenschen über uns. Wir tun sehr viel, um auf unserer Suche nach dem wahren Ich und dessen Wert Antworten zu bekommen: Selbsterfahrungsgruppen und Persönlichkeitsseminare sowie Psycho-Gruppen sind zu einem beachtlichen Wirtschaftszweig geworden. Wir stürzen uns auf „Erkenne dich selbst"-Tests und zahlen viel Geld für die Suche nach dem unbekannten Selbst und den wahren Werten. Wir fahnden nach unserem virtuellen Selbst im Internet und stürzen uns mit voyeuristischer Gier auf Einträge in Facebook.

Wenn es um Selbstwert geht, ist aber nicht nur dessen Art, sondern mehr noch das rechte Maß entscheidend. Der gesunde, gesellschaftlich verträgliche Selbstwert ist in der Mitte zwischen Selbstlosigkeit und Egoismus, zwischen Minderwertigkeitskomplexen und übersteigertem Selbstvertrauen, zwischen Demut und Stolz, zwischen Selbstverleugnung und Anspruchshaltung angesiedelt. Wird er verrückt, kommt es zu Problemen: zu Neurosen, wenn er zu niedrig ist, zu Narzissmus bei Übersteigerung. Zu geringer Selbstwert ist Boden für Unsicherheit, Kontaktprobleme und Minderwertigkeitskomplexe. Zu hoher Selbstwert führt zu Verhaltensstörungen, Beziehungsproblemen und letztlich oft zu Vereinsamung. Die Frage des Narzissmus ist eine Frage des Selbstwertes.

Ob wir es akzeptieren wollen oder nicht: Das Ringen um den Selbstwert entspricht dem Lebenskampf unserer Psyche. Um den Eigenwert drehen sich Fühlen, Denken, Streben und Hoffen, vom ersten bis zum letzten Atemzug.

* * *

Das „Selbst“ bezeichnet den „*Gesamtumfang aller psychischen Phänomene des Menschen, welcher die Einheit und Ganzheit der Gesamtpersönlichkeit ausdrückt*“. Es ist gleichsam der „Gegenstand“ meiner gesamten Psyche, auch der unbewussten. Im Selbst kommen unser Ich-Bewusstsein und unsere spezifische Wesensart zum Ausdruck. Das Selbst ist die Integration all dessen, was wir wissentlich sind, was in unserem Unbewusstsein liegt und welches System an Kontakten wir unterhalten.

Der Mensch benennt das eigene Selbstsein, das Wissen um sich selbst, mit dem Wort „Ich“. Wenn der Mensch weiß, „ich bin Ich selber“, wenn er sich also als bewusstseinsklares, wahrnehmendes, bedürftiges, fühlendes, denkendes und handelndes Individuum erlebt, nennen wir das „Ich-Bewusstsein“.

Das Ich-Bewusstsein ist von verschiedenen Dimensionen abhängig: von der Vitalität, der Gewissheit der eigenen Lebendigkeit und von der Aktivität, vom Wissen um die Eigenbestimmung, ferner von der Ich-Konsistenz, mit der man einen zusammenhängenden Lebensverband meint. Die Ich-Demarkation dient der Abgrenzung meines eigenen Bereiches und die Ich-Identität gibt uns die Gewissheit der eigenen biografischen Identität.

Die beim Narzissmus überdimensionierte Ich-Stärke umfasst all diese Dimensionen. Sie beinhaltet das Durchsetzungsvermögen, die Standfestigkeit im Leben, die Sicherheit und Selbstständigkeit, die Ansprüche an andere und die Fähigkeit, seine Wünsche und Triebe integrieren zu können.

Die Ich-Entwicklung beginnt schon im ersten Lebensjahr. Im Alter von zwei bis drei Jahren ist sich jedes Kind sicher, „dass ich Ich bin“. Entscheidend für die Ich-Entwicklung ist die Mutter, welche dem Kind Zuneigung, Wärme und Liebe gibt und das erste Gegenüber, das „Du“ bildet. Dadurch kann sich das Kind abgrenzen und seine eigene Identität bilden.

Nun kann das Ich auf vielerlei Weise gestört sein, vor allem auch durch den Narzissmus. Ein schwaches Ich findet sich bei

Neurosen und manchen Persönlichkeitsstörungen, ein gespaltenes bei der Schizophrenie, ein niedergedrücktes bei der Depression und ein gesteigertes bei der Manie. Bei Hirnschäden sind die „Werkzeuge" des Ich, etwa das Denken und Sprechen, gestört und im Koma erlischt das Ich überhaupt.

Beim Narzissmus kommt es einerseits durch die ständigen Grandiositätsgefühle zu einer Ich-Inflation. Andererseits führen die Verletzbarkeit und Kränkbarkeit sowie die Abhängigkeit von der Bewunderung durch die Umgebung zu einer ausgeprägten Ich-Schwäche. Das Ich des Narzissten ist also unreif, infantil und im Grunde nur vordergründig stark. Kein Wunder, dass Narzissten oft sehr lächerlich wirken:

In einem Land, in welchem Titel von großer Wichtigkeit sind, ließ sich Herr Regierungsrat (oder Hofrat) Professor Doktor XY als Kandidat für ein hohes Amt aufstellen. Auf seiner Wahlkampftour hatte er einen Interviewtermin beim größten Fernsehsender. Während des Gesprächs wurde sein Name eingeblendet, ohne jeden Titel. Nachdem er seinen Auftritt zusammen mit den Beratern analysiert hatte, rief er den verantwortlichen Redakteur an und brüllte ihn an: „Welch stümperhafte Inszenierung. Im Namensinsert war nicht einmal mein Titel angeführt, Sie wollen mich wohl als Proleten präsentieren!"
Zwei Tage später war der Kandidat Gast bei einem schrägen Jugendsender. Er trat im Interview ganz auf modern gestylt auf, mit Jeans und Lederjacke, ohne Krawatte, sprach von Rock und Facebook, erzählte von seinem heimlichen Hobby, dem Motorradfahren. Wiederum gelang ein mitreißendes Interview. Vor dem eingespielten Namen waren alle Titel korrekt angeführt. Nach Kontrolle des Mitschnitts durch den Kandidaten erhielt der Jugendredakteur einen empörten Anruf: „Weshalb haben Sie all die blöden Titel eingeblendet, Sie wollen mich wohl als konservativen Trottel hinstellen!"

Verletzungen des Selbstwertgefühls gehören zu den wichtigsten Quellen aggressiven Verhaltens, sowohl gegen andere als auch gegen die eigene Person. Narzisstische Menschen reagieren auf Kritik oder Bloßstellung mit oft unbeherrschbarem Zorn, mit blinder Wut, mit Rachegefühlen und Aggressivität. Zweifel an der eigenen Großartigkeit sind für den Narzissten nicht zu ertragen. Kränkungen seiner Person erlebt er viel schlimmer als körperliche Verwundungen, tatsächliche oder vermeintliche Kritik ist ihm unerträglich und unverzeihbar.

* * *

Ohne eine gesunde Portion an Narzissmus ist eine normale Persönlichkeitsentwicklung gar nicht möglich. Ein Kind ist darauf angewiesen, in der ersten Lebensphase über seine Mutter verfügen zu können, ihre hundertprozentige Zuwendung zu erhalten und von ihr gespiegelt zu werden. Das Kind braucht nicht nur Geborgenheit, Wärme und Nahrung, sondern auch ihre Spiegelung. Im Antlitz der Mutter sucht sich das Kind selbst, kann sich aber nur finden, wenn die Mutter, wie dies Donald W. Winnicott ausdrückt, *„wirklich das kleine einmalige, hilflose Wesen anschaut und nicht ihre eigenen Erwartungen und Ängste auf das Kind überträgt. Im letzteren Fall findet das Kind im Antlitz der Mutter nicht sich selbst, sondern die Not der Mutter. Das Kind bleibt ohne Spiegel und wird diesen in seinem ganzen Leben suchen – wahrscheinlich vergeblich"*.

Wenn die Mutter für das Kind uneigennützig verfügbar ist, also eine spiegelnde Mutter im positiven Sinn darstellt, wenn sie ein emotional warmes Klima erzeugen und auf die Bedürfnisse des Kindes eingehen kann, entwickelt sich im heranwachsenden Wesen das gesunde Selbstwertgefühl. Sofern die Mutter diese affektive „Nahrung" nicht liefern kann, wird das gesunde Kind versuchen, diese bei anderen Personen zu bekommen. Sollte eine Mutter durch Krankheit, Depression oder Überlastung zur

Spiegelung selbst nicht fähig sein, sollte sie die Strebungen des Kindes nicht ignorieren, nicht unterbinden und nicht behindern. Wenn das Kind seine Gefühle ohne Angst und Frustration leben darf, wenn es seine Bedürfnisse angstfrei äußern und Freude, Zorn, Angst oder Unsicherheit zeigen kann, wird es Sicherheit und Selbstachtung finden.

Fehlen hingegen in der Mutter-Kind-Beziehung Empathie, Konstanz und Verlässlichkeit, werden die natürlichen Bedürfnisse nicht entwickelt, sondern verdrängt. Es kann sich kein Urvertrauen bilden. Das Kind lässt die natürlichen Bedürfnisse nicht zu und wird verunsichert. Die Selbstansprüche werden als gefährlich erlebt und deshalb verdrängt. Das Gefühl, nicht genügend anerkannt und geliebt zu sein, führt zur emotionalen Unterversorgung, zum ständigen „Hunger nach Liebe". Daraus kann ein tiefer Schmerz resultieren, der das Kind später in Unsicherheit und Depression stürzt. Wird dieser Schmerz verdrängt, können daraus Selbstwertzweifel und andere neurotische Störungen entstehen. Wird er überkompensiert, entfaltet sich ein Gefühl der eigenen Grandiosität: der Narzissmus.

Vergessen wir also nicht die gemeinsame Basisstörung aller Narzissmusformen, den schwer gestörten Selbstwert. Ein unter ständigen Minderwertigkeitsgefühlen und Versagensängsten leidender Mensch versucht, diese Defizite zu bewältigen und schießt dabei über das Ziel hinaus. Psychologisch wird dann von „Überkompensation" gesprochen. Wenn ein Mensch sich zu wenig geliebt fühlt, also nicht genügend Wert hat, wird er versuchen, diese Emotion zu erzwingen. Je schwerer er den Mangel empfindet, desto entschlossener, ja radikaler wird er alles tun, um sich „liebenswert" zu machen. Erhält er von der Umgebung nicht genügend positive Zuwendung, wird er sich diese selbst holen. Mangelt es ihm an Anerkennung durch andere, ist er gezwungen, sich diese selbst zu geben. Daher ist der Drang zur „Selbstwerterhöhung" besonders ausgeprägt, wenn es in der für die psychische Entwicklung so wichtigen Phase der frühen Kindheit zur Unterversorgung an Zuwendung (= Interesse), Zärtlichkeit (= positive Emotionen) und Zeit (= Anwesenheit) gekommen ist. Der Mangel an diesen drei „Z“, der mit so vielen psychischen Problemen zu tun hat, führt auch zum Narzissmus.

Verwöhnte Kinder und rücksichtslose Tyrannen oder Ursachen und Entstehung des Narzissmus

Derart vielfältige, komplexe und unterschiedliche Störungsbilder wie der Narzissmus lassen sich weder auf einzelne Ursachen zurückführen noch lassen sie sich einfach erklären. Da auch die Wissenschaft keine überzeugenden Entstehungshypothesen entwickelt hat, sind Spekulationen Tür und Tor geöffnet. Nüchtern betrachtet, können lediglich entwicklungspsychologische Risikofaktoren beschrieben und belastende Lebensumstände identifiziert werden, bei deren Vorliegen die Gefahr narzisstischer Störungen mehr oder minder erhöht ist. In der Wissenschaft spricht man von Dispositionen oder Erkrankungsbereitschaften und von Vulnerabilitäten oder Anfälligkeiten, welche auf körperlichem, psychischem und sozialem Gebiet liegen können. Nicht zu unterschätzen sind zudem andere Störungen, bei deren Vorliegen narzisstische Verhaltensweisen gehäuft auftreten, etwa bei einer hysterischen oder auch dissozialen Persönlichkeitsstruktur.

Wichtige Hypothesen des Narzissmus wurden besonders vonseiten der Psychoanalyse geliefert. Auch andere psychotherapeutische Schulen führten intensive Forschungen zu Ursachen und Entwicklungen des Narzissmus durch. Im Wesentlichen kristallisierten sich zwei Modelle heraus, die sich jeweils auf ein falsches Maß an emotionaler Zuwendung in der Kindheit beziehen. Entweder sind die Kinder mit den drei genannten „Z“ – Zuwendung, Zärtlichkeit und Zeit – in einem verwöhnenden Maß überversorgt worden oder die „psychische Muttermilch“ wurde ihnen auf traumatisierende Weise vorenthalten.

Beginnen wir mit der Verwöhnung. Wenn man ein Kind verhätschelt, über die Maßen behütet und von allen Problemen abschirmt, kann es nie lernen, Belastungen zu ertragen, Frustrationen zu bewältigen und Kränkungen zu überwinden. Wird es im späteren Leben mit Problemen konfrontiert, fehlen nicht nur die Lösungsstrategien, sondern der scharfe Wind wird als Angriff, als Beleidigung, als Kränkung empfunden. Wie kann man mir so etwas zumuten? Wie kann man mich so enttäuschen? Das Kind ist übersensibel, verletzungsanfällig, hat keine gesunde Haut und wird selbst einen leisen Luftzug als peitschenden Sturm und normale Regentropfen als Hammerschläge empfinden. So ist die dem Narzissmus innewohnende erhöhte Empfindlichkeit zu erklären.

Gleichzeitig übernimmt das Kind sehr rasch die Starrolle, die ihm durch unechten positiven Zuspruch, durch inflationäres Lob, durch oberflächliche Bewunderung und Erfüllung jeden Wunsches zukommt. Auch im Erwachsenenalter wird es die Position des im Mittelpunkt stehenden Stars genießen und auf immer kompromisslosere Weise ausleben. In der Kindheit wurde ja die Erfahrung gemacht, dass jeder der Wünsche von den Lippen des Kindes abgelesen und einem unerbittlichen emotionalen Befehl gleich befolgt wird. Diese ursprünglich an die Eltern gerichtete, von diesen geförderte Anspruchshaltung wird später auf das gesamte Umfeld ausgedehnt. Für das erwachsene Kind ist es selbstverständlich, sich alles und jedes wünschen zu dürfen, ohne dafür Gegenleistungen zu erbringen. Die in der Kindheit gründlich durchgeführte Programmierung auf Einzigartigkeit und herausragende Stellung führt zum lebenslangen Irrtum der eigenen Privilegierung ohne Gegenleistung.

Dieser oft von besten Absichten getragene, verzärtelnde und liebensfremde Erziehungsstil hat Nebenwirkungen: Das Kind nimmt die Eltern nicht als unabhängige Individuen mit eigenen Bedürfnissen und Ansprüchen wahr und kann sich somit nicht orientieren. Das Gegenüber, der Gegenpol, das „Du“ verschwindet hinter der verwöhnenden Haltung. Die Eltern sind keine fixen Größen, welche Stabilität und Sicherheit geben, sie äußern zu wenig eigene Gefühle, zu denen das Kind „emotionale Resonanz" aufbauen kann. Daraus lässt sich zwanglos erklären, weshalb Narzissten viel zu wenig Einfühlungsvermögen haben und den Mitmenschen kaum Wertschätzung entgegenbringen können.

Schließlich wird das verhätschelte Kind sehr schnell lernen, dass die ihm von den Eltern zuströmenden positiven Gefühle an Bedingungen geknüpft sind: Es muss lieb, herzig, begabt, klug und hübsch sein, um die so ersehnte Zuwendung zu erhalten. „Nur wenn ich einzigartig bin, werde ich geliebt", lautet die prägende Botschaft.

Das Schicksal hatte es gut mit ihr gemeint, zumindest äußerlich. Intelligent, attraktiv und Alleinerbin eines Lebensmittelkonzerns. Verwöhnt sei sie, sagte man, und vom Luxus erzogen. Wenn man sie sah, dachte man an die Filmfestspiele zu Cannes: blond, hochgewachsen, strahlendes Lächeln und schlank, etwas zu schlank. Ihr umhegter und gepflegter Körper beunruhigte sie manchmal. Hier etwas gespannt, dort leicht schlaff, da ein paar Gramm zu viel. Oft fühlte sie sich aufgedunsen und überfüllt, „richtig angefressen", wie sie sagte. Sie wollte schlank sein, durch und durch, nahezu ätherisch. Dazu betrieb sie intensiv Sport, ernährte sich diätetisch, hungerte, nahm an Gewicht ab. Sie musste, ja sie konnte erbrechen, einmal im Monat, jede Woche, mehrmals am Tag. Obwohl sie dünner und dünner wurde, hielt sie sich für fett. Eine unerträgliche Vorstellung, die sie panisch macht: Nicht so feist, adipös, schwitzend sein wie fast alle anderen. Die Anorexie, die Magersucht nahm ihren schicksalhaften Lauf. Die bis auf die Knochen abgemagerte Frau endete auf der Intensivstation, wo sie im letzten Moment eingeliefert wurde. Trotz der Tonnen vorzüglicher Lebensmittel, die ihre Betriebe tagtäglich produzierten, musste sie durch künstliche Ernährung vor dem Hungertod gerettet werden.

Allzu verwöhnende Erziehung nimmt dem Kind viel an Eigenständigkeit. Da die Eltern im Kind ihre Bedürfnisse ausleben, lernt dieses seine eigenen Wünsche und Fähigkeiten nicht kennen. Es fühlt sich ausgeliefert und abhängig. Ist es verwunderlich, wenn ein solches Kind alles tut, die Eltern nicht zu enttäuschen, wenn es außergewöhnliche Leistungen erbringen will und um seine Einmaligkeit zu demonstrieren? Wird die kindliche Entwicklung nicht in eine Richtung gedrängt, in welcher man sich nur auf sich selbst verlässt und die Mitmenschen gar nicht braucht?

Die zweite Hypothese sieht eine Hauptursache narzisstischer Störungen nicht in zu viel, sondern in zu wenig emotionaler Zuwendung. Nicht die Verwöhnung, sondern die Unterversorgung mit Gefühl und Liebe führe zum Narzissmus. Erklärt wird dies mit dem nicht befriedigten Urbedürfnis des Kindes nach positiver Emotion. Jedes menschliche Wesen braucht neben der körperlichen Versorgung die Nähe und Sicherheit seiner Eltern. Es will von Vater, Mutter, Geschwistern und Verwandten wahrgenommen, beachtet und geliebt werden. Werden diese zentralen Bedürfnisse nicht erfüllt, reagiert das Kind panisch. Mit allen Mitteln wird es versuchen, das zu bekommen, was ihm vorenthalten wird – mit Bitten und Betteln, mit Appellen und Erpressung, zuletzt mit Gewalt. Wenn sich im Narzissmus intensive Wünsche nach Anerkennung und süchtiges Verlangen nach Bewunderung äußern, kann dies auch als „Schrei nach der in der Kindheit vorenthaltenen Liebe“ interpretiert werden. Das Kind wird alle Anstrengungen unternehmen, um die ihm zustehende Zuwendung zu erhalten. Die dann als „narzisstisch“ bezeichnete Kraft, mit der die Anerkennung erzwungen wird, ist enorm.

Nach beiden Theorien beginnt – wie dies der Psychotherapeut Heinz-Peter Röhr treffend ausdrückt – *„das Drama des Narzissten mit dem Drama der Eltern. Diese begünstigen durch Projektionen ihrer eigenen Bedürfnisse auf die Kinder, durch ihre eigenen emotionalen Defizite und durch falsches Erziehungsverhalten die Entwicklung narzisstischer Störungen“*.

Eine weitere, durchaus logisch wirkende Theorie zur Entwicklung des Narzissmus ist jene der **Kompensation.** Wenn ein Mensch an Selbstwertzweifeln und ausgeprägten Minderwertigkeitsgefühlen leidet, sich zu wenig geliebt und gelobt fühlt und ständig negative Rückmeldungen erhält, wird er in aller Regel mit Frustration, Unsicherheit und Angst reagieren. Nicht so der Narzisst. Dieser kämpft vielmehr mit aller Kraft gegen das Gefühl der Wertlosigkeit und Resignation. Er sucht eine aktiv-kämpferische Form der Bewältigung und schießt dabei regelmäßig über das Ziel hinaus. Geradezu zwanghaft versucht er, andere zu übertrumpfen, aus der Masse hervorzustechen und außergewöhnliche Leistungen zu erbringen. Solche Narzissten tun sich, wo immer sie auch tätig sind, durch außerordentlichen Fleiß und exzellente Leistungen hervor, arbeiten Tag und Nacht, trainieren verbissen und scheuen sich nicht vor verantwortungsvollen Aufgaben. Ihr Verhalten wird mit dem Begriff der „Profilierungssucht“ beschrieben. Tatsächlich stellt das narzisstische Verhalten eine Überkompensation des durch Demütigung und Beschämung, durch Schuldzuweisung und Bedrohung geprägten negativen Selbsterlebens dar.

Die „narzisstische Wunde“ hat ihren Ursprung oft in dem auch in den Familien gestiegenen allgemeinen Erfolgsdruck. Mangel an echtem Einfühlungsvermögen und leistungsorientierte Erziehung wecken den unstillbaren Hunger nach Wertschätzung: Das Kind kann mit seinen echten Gefühlen nicht bei seinen Bezugspersonen landen, hat keinen Resonanzboden und keine Sparringspartner, was zur Verunsicherung und Vereinsamung führt. Mikrotraumen wie Kränkungen und kleine Demütigungen fördern diese Entwicklung. Wenn ein Kind zum „verlängerten Selbst“ von Vater oder Mutter wird, erhält es die Botschaft: „Sei nicht, was du bist, sei der, den ich brauche.“ Diese Kinder spüren, dass sie nicht um ihrer selbst willen geliebt werden, und entwickeln aus Loyalitätsdruck ein „falsches Selbst“, den Narzissmus. Oft scheitern solche Kinder an den nicht erfüllbaren Erwartungshaltungen und an der übermächtigen narzisstischen Figur ihrer (narzisstischen) Eltern:

„‚Du bist nichts, du kannst nichts, aus dir wird nichts' waren jene Sätze, die ich während der ganzen Kindheit und Jugend gehört habe", sagte der 30-jährige Mann mit leiser, resignierender Stimme. Verzweifelt hatte er Zuflucht in einer Obdachloseneinrichtung genommen und saß nun wie ein Häufchen Elend da: ungepflegt, verwahrlost, deutlich nach Alkohol riechend. Zum ersten Mal könne er aus seinem Leben erzählen. Bisher habe er nie etwas gesagt, habe alles in sich hineingefressen, geschwiegen. Und getrunken, gesnieft und gespritzt und sich immer wieder sinnlos berauscht. Es war nicht die sonst übliche Geschichte von Broken-Home-, miesen sozialen Verhältnissen, Schlägen in der Kindheit und trinkenden Eltern. Seine Familie war reich, sagenhaft reich, die Mutter liebevoll, die Kindheit ungetrübt. Wenn da nicht der Vater gewesen wäre. Dieser erfolgreiche, gebieterische, geachtete und gefürchtete Manager. Er war kaum anwesend, ließ sich nie auf seine Kinder ein, erzog diese mit knappen Anweisungen und Befehlen. Ständig nannte er sich und seine Karriere als Vorbild: „Auf den Willen kommt es an, Weicheier braucht man nicht, ihr müsst kämpfen und arbeiten wie ich, ich habe es geschafft, keine Schwäche zeigen."

Der Junge wuchs mit dem steten Gefühl, die Erwartungen nicht zu erfüllen und zu versagen, auf. Nach dem Schuleintritt nässte er in der Nacht wieder ein, im Gymnasium litt er unter entsetzlichen Prüfungsängsten, vor den Universitätsexamina traten Panikattacken auf. Alle Versuche, ins Berufsleben einzusteigen, scheiterten: Er traute sich nichts zu, sah sich keiner Aufgabe gewachsen, fühlte sich überfordert, war stets überzeugt, nichts zu können und nichts zu schaffen – so wie es ihm der Vater immer gesagt habe. Auch bei den Therapien fürchtete er, zu versagen. Er erwartete sich nichts und fand auch keinen Fortschritt. Cannabis schaffte ihm Erleichterung, Berauschungen mittels Alkohol ließen ihn vergessen, Medikamente unterdrückten seine Angstanfälle. Der Vater begegnete ihm mit Verachtung, verwies ihn der Tür, verleugnete ihn und schämte sich seiner, ließ ihm per Dauerauftrag noch eine monatliche Unterstützung zukommen. Einmal in einem Fernsehinterview gefragt, wie viele Kinder er denn habe, antwortete der Vater: „Keines." So nahmen Suchtkarriere und sozialer Abstieg ihren Lauf. Der junge Mann war an der bedrohlichen Gestalt seines narzisstischen Vaters zerbrochen.

* * *

Neben diesen klassischen Erklärungen über die Ursachen des Narzissmus gibt es zahlreiche, ganz anders geartete Theorien. Manche Forscher erklären den Narzissmus und dessen zunehmende Bedeutung in jüngerer Zeit über den Einfluss der Medien, des Internets und der Finanzwelt. Die Medien informieren uns ständig über die schöne Welt berühmter und erfolgreicher Menschen. Wir interessieren uns für sie, lassen uns von ihren Äußerungen und Ansichten beeindrucken, bewundern ihre Lebensführung und ahmen sie nach. Oft werden sie zu Idolen, wir wollen so sein wie sie. Heute gelten Prominente, die ihren Narzissmus geradezu zelebrieren, als Vorbild. Dies belegt eine kürzlich durchgeführte große Umfrage, in der jeder Zweite der befragten jungen Erwachsenen das „Berühmtsein" als wichtiges Lebensziel nannte. Selbst unter den Wünschen der Kinder rangieren „ein Star sein", „gut aussehen" und „reich sein" an der Spitze der Wünsche.

Das in psychologischen und pädagogischen Diskussionen immer wieder als Ursache vieler Übel verdächtigte große Netz stellt sich unvermeidlich als Spielwiese für Narzissten dar. Hier kann man sich in bestem Licht mit einer nach eigenen Wünschen gestalteten Identität darstellen, kann sich weltweit präsentieren, kann man Kontakte eingehen oder einfordern und ungeniert für sich Werbung machen. Muss es nicht unser Selbstwertgefühl erhöhen, wenn wir im Zentrum vieler Verbindungen stehen, mit allen auf vielfältige Form kommunizieren, wenn wir uns sekundenschnell jegliche Information beschaffen können, wenn wir allgegenwärtig sind und dies alles mit unseren Klick-Befehlen funktioniert?

Die amerikanischen Narzissmusforscher Jean M. Twenge und W. Keith Campbell weisen auf einen weiteren gesellschaftlich brisanten Aspekt hin. Ihrer Meinung nach fördere der leichte Zugang zu billigen Krediten den Narzissmus. Dadurch lasse sich nicht nur Status und Image in kürzester Zeit aufpolieren, sondern es sei plötzlich ganz einfach, sich wohlhabend und erfolgreich zu fühlen. Der Finanzcrash 2008 müsse deshalb als Wende betrachtet werden: Jetzt sei eine gute Gelegenheit da, seine Ansprüche zurückzuschrauben, eine neue Form der Bescheidenheit anzusprechen und alte Tugenden wie Sparsamkeit und Verzicht wieder in den Vordergrund zu stellen.

* * *

Wie bei allen psychischen Störungen wird heute auch beim Narzissmus intensiv nach **biologischen Erklärungen** gesucht. Ein einziger Befund ist erwähnenswert: Bei Narzissten zeigen jene Hirnregionen, die für soziales Denken und Empathie verantwortlich sind, weniger Volumen und Substanz. Es ist allerdings noch unklar, ob Narzissten diese Störung mit auf die Welt bringen oder die sozialen Areale durch das selbstbezogene Verhalten von klein auf schlichtweg verkümmern.

Obwohl kaum zu erwarten ist, dass eine so komplexe, vielgestaltige Störung auf Gen-Variationen, abnorme Hirnstrukturen oder fehlerhafte neurophysiologische Prozesse reduziert werden kann, lässt sich vielleicht irgendwann einmal doch ein organischer Baustein im Mosaik des Narzissmus finden. Allerdings sind die wissenschaftlichen Erkenntnisse hier noch spärlicher als in anderen Gebieten der Psychologie und Soziologie.

Fassen wir uns dazu kurz: Obwohl narzisstische Störungen eine gewisse Erblichkeit aufzuweisen scheinen, hat man bislang keine genetischen Marker für narzisstische Störungen gefunden. Eine direkte Vererbung des Narzissmus ist weder wahrscheinlich noch beweisbar. Ebenso wenig hat man, wie dies bei Angsterkrankungen und Depressionen sehr wohl gelungen ist, Fehlabläufe im Gehirnstoffwechsel feststellen können. Da die an den Nervenübertragungsstellen wirksamen Botenstoffe, die Neurotransmitter, bei Narzissten offensichtlich keine gestörte Balance aufweisen, kann auch vom Einsatz von Psychopharmaka kein Erfolg erwartet werden.

Die in den letzten Jahren so modern gewordene, in ihrer Bedeutung und Häufigkeit weit überschätzte **Aufmerksamkeitsdefizit-/Hyperaktivitätsstörung** (ADHS) der Erwachsenen, das „Zappelphilipp-Syndrom", hat auch vor dem Narzissmus nicht haltgemacht. Man ist der Frage nachgegangen, inwieweit Hyperaktivität und Aufmerksamkeitsstörungen in der Kindheit im späteren Leben zu Impulsivität, Verstimmbarkeit, desorganisiertem Verhalten oder zu narzisstischen Störungen führen. Zusammenfassend sieht die Wissenschaft hier aber viel eher einen Zusammenhang mit emotional instabilen, hysterischen und Borderline-Persönlichkeitsstörungen als mit Narzissmus.

So sind die Ursachen des Narzissmus ähnlich vielfältig, ähnlich geheimnisvoll und ähnlich interessant wie das Phänomen selbst. Einfache Erklärungsmodelle greifen zu kurz, keine Theorie ist für sich allein überzeugend. Eine komplexe Störung hat komplexe Wurzeln. Der Narzissmus bleibt auch in seinen Ursachen, was er ist: einzigartig.

Jedermanns Narzissmus
oder
Wann reagieren wir narzisstisch?

Nachdem Narzissmus eine psychologische Grundeinstellung ist und jeder Mensch in sich narzisstische Tendenzen hat, hängt es ganz entscheidend von den situativen und sozialen Umständen ab, ob und inwiefern diese zutage treten und Dominanz gewinnen. Narzisstisches Reagieren ist niemandem fremd, allerdings sind Art und Ausmaß von Mensch zu Mensch verschieden. Nicht jedes narzisstische Gefühl ist eine Störung, nicht jede derartige Reaktion eine Krankheit.

Es gibt eine Reihe von Situationen, Belastungen und Entwicklungen, die narzisstische Empfindungen auslösen und solches Verhalten induzieren. Mit einem (nicht narzisstisch gemeinten) Fachausdruck würde man von „narzissogenen Induktionen und Konstellationen" sprechen.

Beginnen wir mit etwas Alltäglichem, mit dem Autofahren. Jeder von uns hat schon unzählige Male beobachtet, auch an sich selbst, wie sich der Mensch am Steuer eines Pkw verändert. Als Lenker eines Kraftfahrzeuges offenbart der Mensch ein ganz anderes Verhalten, besonders in Stresssituationen, bei starkem Verkehr, hoher Geschwindigkeit oder im Stau. Er wird nicht eine andere Person, aber er zeigt eine andere Seite – die narzisstische. Die Situation ist tatsächlich verlockend: Das autonome Fortbewegen, das Beherrschen einer hochkomplexen Maschinerie und das Fortbewegen in einem schönen Gehäuse geben jedem das Gefühl, eine beherrschende, wichtige Person zu sein. Wenn beim Heulen des Motors archaische Urschreigefühle und beim Gasgeben eine Art Höhenrausch erzeugt werden, fördert dies das narzisstische Hoch. Da in den anderen Verkehrsteilnehmern keine Menschen, sondern zunächst Maschinen gesehen werden, kommt kein menschliches Einfühlen, keine Empathie zustande. Werden wir durch andere Verkehrsteilnehmer behindert, verlangsamt, gestoppt oder auf andere Weise gestresst, greifen wir zum bewährten narzisstischen Mittel der Entwertung. Bezeichnenderweise bezieht sich diese zunächst auf das Auto, das dann allerdings personifiziert wird. Mit dem „Idioten da vorne" meinen wir ja nicht den uns völlig unbekannten Lenker. Gleichzeitig sind wir extrem empfindlich, was unser eigenes Fahren, die Fahrkunst und den Fahrstil betrifft. Selten sieht man so heftige emotionale Reaktionen wie bei Zurufen an Pkw-Lenker. Jeder Hinweis, jede Warnung wird als Majestätsbeleidigung ersten Ranges empfunden und mit überaus schroffen Zurechtweisungen quittiert. Man sieht, beim Autolenken sind alle Elemente einer hochnarzisstischen Situation erfüllt.

Gefasste Menschen geraten in enormen Stress, werden hochgradig nervös und erregt, friedliche beginnen zu schimpfen und kontrollierte verlieren jegliche Contenance. Andere Verkehrsteilnehmer werden niedergemacht, haben den Führerschein im Lotto gewonnen, fahren PS-schwache Rostkisten und haben nichts anderes im Sinn, als lästige Verkehrshindernisse darzustellen.

Selbst hingegen beherrscht man die Kunst des effizienten Fahrens, handelt reaktionsschnell und routiniert, bewahrt den Überblick und ist erstaunt, dass nicht alle anderen Fahrzeuge voll Ehrfurcht zur Seite fahren und die Ampeln sofort auf Grün springen. Im erhebenden Gefühl, ein Auto zu beherrschen und sich zu beschleunigen, hat man bald seine eigene Anfängerzeit vergessen und denkt nicht im Entferntesten an spätere Altersbeeinträchtigungen. Im narzisstischen Hochgefühl des Herrschens über ein technisches Instrument, des Beschleunigens und des Genießens von Geschwindigkeit lebt der Mensch manche Seiten aus, die er sonst wohl zu verbergen weiß: Egozentrizität, Anspruchshaltung, Hochheben der eigenen Fähigkeiten, Verachtung und Entwertung der anderen.

Offensichtlich spielt dabei die Ausdehnung der Ich-Grenzen auf das Fahrzeug eine Rolle. Wie sonst wären unser Hegen und Pflegen des Autos, das Protzen mit dessen Stärke und die hohe Investitionsbereitschaft erklärbar? Besonders für junge Lenker gibt es kaum eine größere Angst als jene vor dem Führerscheinentzug und kein schmerzhafteres Kastrationserlebnis als die tatsächliche Entziehung der Lenkerberechtigung. Das trifft den Selbstwert schwerer als alles andere. Ein Angriff auf unser erweitertes Ich, das Auto, wird kaum verkraftet.

Der 23-jährige Oliver war die ganze Nacht durchgefahren. Nach einem anstrengenden, mehrtägigen Arbeitseinsatz wollte er möglichst rasch zu Hause sein. Mit Kaffee und lauter Musik versuchte er, sich wach zu halten. Längere Pausen machte er nicht. Kurz bevor er sein Ziel erreichte, übersah er eine Stopptafel und kollidierte mit einem anderen Pkw. Verletzt wurde niemand, die Schuldfrage war rasch geklärt. Während die Polizei die Unfallaufnahme machte und die beschädigten Autos abtransportiert wurden, fiel plötzlich auf, dass Oliver nicht mehr da war. Er war unbemerkt verschwunden, niemand sah ihn weggehen, bei den Angehörigen hatte er sich nicht gemeldet. Man fand seine Leiche Stunden später in einem nahen Wald. Er hatte sich erhängt.

Dieses dramatische Extrembeispiel schildert in seiner Tragik eine überspitzte narzisstische Reaktion. Die Attacke auf das Auto wurde gleichsam als Angriff auf das Ich, dessen Zerstörung als Sturz der eigenen Grandiosität empfunden. Die Überanstrengung durch den Arbeitseinsatz und das mehrstündige monotone Fahren hatten Wachheit und Hirnleistung gesenkt, sodass Oliver der durch den Bagatellunfall ausgelösten narzisstischen Kränkung keinen Widerstand mehr entgegensetzen konnte.

* * *

Eine andere, nicht gerade alltägliche, aber doch häufig vorkommende narzisstische Situation ist jene des **Rausches.** Wenn wir uns berauschen, versetzen wir uns meist in einen Zustand der Euphorie, des gesteigerten Selbstwertes und des Gefühls der Überlegenheit. Der Rausch vermittelt je nach Stadium zahlreiche narzisstische Gefühle. Er gibt Mut und Selbstvertrauen, er bricht Selbstkontrolle und Kommunikationsbarrieren, er erfüllt uns den Traum der eigenen Größe. Nicht zufällig sprechen wir vom „Glücksrausch" oder umgekehrt von der „Trunkenheit vor Glück". Der Rausch erfüllt narzisstische Bedürfnisse und ermöglicht uns, viele narzisstische Strebungen auszuleben. Er macht uns überlegen, stark, frei, froh und fast immer großartig.

Gleichzeitig unterbindet der Rausch differenzierte Gefühle: *„Es ist eine Forderung der Natur, dass der Mensch mitunter betäubt werde, ohne zu schlafen, daher der Genuss im Tabakrauchen, Branntweintrinken, Opiaten"*, sagt Johann Wolfgang von Goethe in seinen „Maximen und Reflexionen". Er spricht also das Moment des Empathiemangels, zu Rausch und Narzissmus gleichermaßen gehörend, an.

Auch Süchtigkeit ist eine narzisstische Störung. In der Krankheit des Nicht-genug-Kriegens und des Nicht-aufhören-Könnens zeigen sich narzisstische Gier und Unersättlichkeit. Für den Süchtigen sind nur sein Verlangen und seine Befriedigung im Rausch entscheidend, Bedürfnisse, welche er über alle anderen stellt und rücksichtslos durchsetzt. In der Sucht geht das Einfühlungsvermögen für andere, besonders für die Angehörigen, verloren. Deren Sorgen werden verdrängt, ihre Bedürfnisse kaum zur Kenntnis genommen, ihr Leiden wird bagatellisiert. Viele Süchtige privilegieren sich und ihre Mitkonsumenten gegenüber der langweiligen, spießigen Welt. Diese wird oft verachtet und in vielen Fällen bekämpft. Damit zeigen sich in der Sucht drei wesentliche Elemente des Narzissmus: Egoismus, Empathiemangel und die Entwertung anderer.

* * *

Die stärksten narzissmusfördernden Faktoren, denen sich kaum jemand widersetzen kann, sind aber Machtzuwachs und Machtgewinn. Die oft gestellte Frage „Macht Macht narzisstisch?“ kann uneingeschränkt bejaht werden. Vielleicht werden erst bei Machtgewinn, in einer machtvoll gewordenen Position die immer schon vorhandenen narzisstischen Tendenzen ausgelebt. Genauso aber scheint die Macht ganz normale Menschen narzisstisch zu verändern:

Zwei ehemalige Schulkollegen arbeiteten im selben Verlagshaus. Max, der jüngere, war nach einem Abschluss auf der Wirtschaftsuniversität im mittleren Management tätig. Wolfgang war nach abgebrochener Lehre im Vertrieb angelernt worden. Die Verbindung der beiden intensivierte sich in dieser Zeit. Max unterstützte seinen in ständiger finanzieller Not lebenden Freund, lud ihn zum Essen ein und schickte Geschenkspakete für dessen Kinder. Überraschend machte Max einen großen Karrieresprung, er wurde zum Herausgeber berufen: Statusgewinn, Spitzengehalt, Dienstwagen mit Chauffeur. Er trug Designer-Anzüge, die unvermeidliche Luxusuhr und – damals in Mode – eine rote Brille auf kahl rasiertem Haupt. Er demonstrierte seine Macherqualitäten, fand an der bei den Untergebenen aufkommenden Titulierung „Führer“ Gefallen. Er schlug einen gnadenlosen Sanierungskurs ein. Diesem fiel auch sein ehemaliger Kollege Wolfgang, mit dem er nie mehr gesprochen hatte, zum Opfer. Rationalisierungsmaßnahmen und Notwendigkeit der Freisetzung aus betrieblichen Gründen, hieß es im Kündigungsschreiben. Wolfgang wollte bei seinem ehemaligen Freund in der Chefetage vorstellig werden, dies wurde ihm verwehrt.
Zwei Jahre später wurde Max vom noch mächtigeren Aufsichtsrat gestürzt. Fristlose Vertragskündigung im Interesse des Unternehmens. Kurz darauf erhielt Wolfgang, zwischenzeitlich von Sozialhilfe lebend, Besuch von seinem ehemaligen Freund. Dieser brachte ihm – von den früheren Statussymbolen war nichts mehr

zu sehen – ein großes Paket für die Kinder und lud ihn auf ein Bier in die Kneipe ein. Von der Zeit seit ihrem letzten Zusammensein sprach er kein Wort.

Macht ist, wie die berühmte Definition des Soziologen Max Weber lautet, *„jede Chance, innerhalb einer sozialen Beziehung den eigenen Willen auch gegen Widerstreben durchzusetzen"*. Sie resultiert aus einem archaischen Urbedürfnis und spielt in allen Formen des menschlichen Zusammenlebens eine zentrale Rolle. Der positive und negative Machtbegriff stammt aus dem Gotischen (got.: magan) und bedeutet so viel wie „können" oder „vermögen".

Mit dem Begriff der Macht ist jener des Beherrschens von anderen assoziiert, wovon Wörter wie Machthaber, Machtapparat oder Machtergreifung sprechen. Die Macht als Fähigkeit zur Beeinflussung der körperlichen und psychischen Handlungsmöglichkeiten anderer Personen kann betrachtet werden als Macht über jemanden oder als Macht zu etwas. Machtinhaber stützen sich auf legitime Macht, auf Macht durch Belohnung und Zwang, auf solche durch Identifikation und Wissen und in neuerer Zeit vor allem auf Macht durch Informationsvorsprung. Die uns innewohnenden Machtbedürfnisse haben aber auch Macht über uns selbst. Macht macht den Mächtigen (auch) ohnmächtig, könnte eine tiefenpsychologische Betrachtungsweise lauten.

Das Phänomen der Macht ist von jenem des Narzissmus nicht wegzudenken. Narzisstische Bedürfnisse sind im Grunde durchwegs Machtbedürfnisse. Wenn wir hinter den Narzissmus eines verunsicherten, von Minderwertigkeitsgefühlen geplagten Menschen sehen, können wir hinter seinem rücksichtslos-egozentrischen Agieren den brennenden Wunsch erkennen, wichtiger und mächtiger zu werden. Das vom Narzissten an den Tag gelegte elitäre Gehabe ist nichts anderes als die Demonstration machtvoller intellektueller Überlegenheit. Werden andere Menschen entwertet, heißt dies, sie als Erfüllungsgehilfen, Schachfiguren oder Marionetten zu betrachten, somit Macht über sie zu haben.

Und selbst die krankhafte Empfindlichkeit des Narzissten wird durch Angst vor Machtverlust gestärkt.

Wie intensiv die Machtbedürfnisse sind, zeigt sich in den Machtritualen der absolutistischen Herrscher, in den geforderten Huldigungszeremonien, in den Bitt- und Bettelbriefen der Untergebenen, in den Demutsgesten des Hofstaates. Ein schon klassisch gewordenes Beispiel sind die Weinorgien nach dem Tod des nordkoreanischen Diktators Kim Jong-il. Nicht nur Politiker, Parteifunktionäre und Führungspersonen wussten genau, ganz ohne dezidierte Aufforderung, was nun zu tun war: Möglichst heftig zu weinen, um der Verzweiflung angesichts des Todes des großen Führers intensiver Ausdruck zu verleihen als die anderen. In diesem diktatorisch-narzisstischen System konnte es sehr gefährlich sein, seinen Schmerz nicht genügend demonstrativ zum Ausdruck zu bringen. Die Nordkoreaner haben im wahrsten Sinn des Wortes um ihr Leben geweint.

Herzlose, sadistische Machtlust erleben wir in anderer Form auch bei uns:

Für die Kinder vom Land kam der Höhepunkt der Sommerferien. Sie wurden von ihren wohlhabenden Verwandten so wie jedes Jahr für zwei Wochen in die große Stadt eingeladen. Man zeigte ihnen Schlösser und Dome, besuchte Museen und Sportveranstaltungen, ging mit ihnen ins Schwimmbad und in den Vergnügungspark. Sie wohnten in wunderschönen Zimmern und aßen in guten Gasthäusern zu Mittag. Reich beschenkt, kehrten sie auf den kleinen Bauernhof ihrer Eltern zurück.
Der Krieg kam über das Land, die Stadt wurde ausgebombt, die reichen Verwandten verloren Hab und Gut und mussten flüchten. Ausgehungert, entkräftet und verzweifelt – mit einem letzten Funken Hoffnung – schafften sie es zu den Verwandten auf dem Land. Die ehemaligen Ferienkinder hatten den Hof übernommen. Nachdem die „Städter“ um Aufnahme und einen Bissen Brot gebettelt hatten, lautete die Aufforderung: „Niederknien

und dann nochmals ganz deutlich bitten, wir können es sonst nicht verstehen!"

Macht macht narzisstisch, Machtumkehr macht noch narzisstischer. Hinter dem Einfordern der Demutsgeste erblicken wir nicht nur den Wunsch nach Entwürdigung, sondern wohl auch den Neid, der sich in den früheren guten Jahren zusammengebraut haben mag. Macht verdirbt manchmal den Charakter, Macht macht oft korrupt, Macht macht immer narzisstisch.

Durch und durch narzisstisch
oder
Die narzisstische Persönlichkeitsstörung

Während narzisstische Reaktionen keinem von uns fremd sind und zu unserem psychologischen Repertoire gehören, gibt es eine Gruppe von Menschen, deren Persönlichkeit und Verhalten ausschließlich von den narzisstischen Elementen geprägt sind. Sie sind durch und durch narzisstisch, von der Jugend bis ins hohe Alter, in allen Begegnungen und Lebenssituationen. Gepresst in eine narzisstische Schablone, können sie gar nicht anders als selbstbezogen, rücksichtslos und eitel sein. Über Verhaltensalternativen verfügen sie nicht. Der Narzissmus ist wesentlicher Teil ihres Wesens und bestimmt ihren Charakter. Wenn Eigenschaften wie Egozentrizität, krankhafte Empfindlichkeit und mangelndes Einfühlungsvermögen ein Leben lang vorhanden und extrem ausgeprägt sind, sprechen wir von einer narzisstischen Persönlichkeitsstörung.

Was verstehen wir überhaupt unter Persönlichkeit und Persönlichkeitsstörung? In der Psychiatrie bezeichnet man mit Persönlichkeit die Summe aller psychischen Eigenschaften und Verhaltensbereitschaften, die dem Einzelnen seine eigentümliche, unverwechselbare Individualität, seine persönliche Eigenart verleihen. Es sind jene Züge, in denen wir uns von anderen unterscheiden. Dazu gehören Charakter, Temperament und die körperliche Gesamtbeschaffenheit eines Lebewesens. Mit Charakter meinen wir die stabilen Verhaltens- und Werteeinstellungen, mit Temperament das gemütsmäßige Verhalten, also die Emotionalität. Der Intellekt bezieht sich auf die stabilen geistigen Verhaltensweisen. Wenn wir im Alltagsgespräch sagen: „Das ist typisch

Hans ... so ist er halt, der Franz ... der Gerd kann gar nicht anders ...", meinen wir seine Persönlichkeit.

Mit Persönlichkeitsstörungen sind alle extremen Abweichungen in der Persönlichkeitsstruktur gemeint. Der Übergang von normaler zu akzentuierter und weiter zu gestörter Persönlichkeit ist fließend.

Persönlichkeitsstörungen sind – das ist besonders wichtig – keine Krankheiten, sondern Normabweichungen der normalen Charakteranlagen, also zugespitzte Wesenszüge. Störungscharakter haben sie nur dann, wenn jemand darunter leidet, entweder die betroffene Person oder deren Umgebung. Entscheidend ist demgemäß, ob sich aus Wesen und Verhalten ernsthafte Leidenszustände oder Konflikte ergeben.

In der klassischen Beschreibung des Psychiaters, Juristen und Theologen Kurt Schneider heißt es: *„Persönlichkeitsstörungen sind Abweichungen von einer uns vorschwebenden Durchschnittsbreite von Persönlichkeiten. Maßgebend sei die Durchschnittsnorm, nicht etwa eine Wertenorm. Überall gehen abnorme Persönlichkeiten ohne Grenze in die als normal zu bezeichnenden Lagen über"*. Aus den abnormen Persönlichkeiten hebt Schneider diejenigen als psychopathische Persönlichkeiten heraus, die an ihrer Abnormität leiden oder unter deren Abnormität die Gesellschaft leidet, wobei sich diese beiden Arten überschneiden.

Am Leiden des Betroffenen oder seiner Mitmenschen orientiert sich auch die gebräuchliche psychiatrische Definition. *„Von Persönlichkeitsstörungen spricht man, wenn eine Persönlichkeitsstruktur durch starke Ausprägung bestimmter Merkmale so akzentuiert ist, dass sich hieraus ernsthafte Leidenszustände und/oder Konflikte ergeben."*

Allen Persönlichkeitsstörungen gemeinsam sind unangemessene und unflexible Reaktionen auf Lebensaufgaben und -belastungen, ferner eine gewisse Form von Arbeits- und Liebesunfähigkeit sowie ein durchgehendes Verhalten, das in irgendeiner Form für andere Menschen belastend ist.

Der Begriff der Persönlichkeitsstörung ist komplex und berührt die Grundfrage, was normal, was grenzwertig und was bereits krankhaft ist. Wie schwer eine menschliche Persönlichkeit zu beschreiben ist, zeigt sich an den früheren Versuchen mit Auflistung von 1800 verschiedenen Persönlichkeitszügen. Im heute gebräuchlichen Diagnoseschema der WHO, der Internationalen Klassifikation psychischer Erkrankungen, hat man sich auf wenige, sehr charakteristische Typen geeinigt:

- Die *paranoide Persönlichkeitsstörung*, die durch übertriebene Empfindlichkeit, krankhaftes Misstrauen und Querulanz geprägt ist.
- Die *schizoide Persönlichkeitsstörung*, welche dem Typ des distanzierten Einzelgängers und des „Sonderlings" entspricht.
- Die für die Kriminalität besonders interessante *dissoziale Persönlichkeitsstörung*, welche durch Gefühlsarmut, Verantwortungslosigkeit, geringe Frustrationstoleranz und Missachtung sozialer Normen gekennzeichnet ist.
- Die *emotional instabile Persönlichkeitsstörung* umfasst den zu Zornausbrüchen und Gewalttätigkeit neigenden impulsiven Typus und den an der Grenze zur Psychose stehenden Borderline-Typus, welcher chronische Gefühle innerer Leere und unvermittelte selbstschädigende Handlungen aufweist.
- Die *histrionische Persönlichkeitsstörung*, früher „hysterische" genannt, zeichnet sich durch Dramatisierung, Suggestibilität, oberflächliche und labile Affekte sowie verführerisches Verhalten aus.
- Die *anankastische Persönlichkeitsstörung* wird durch übermäßige Vorsicht, Neigung zu Perfektionismus und extremer Gewissenhaftigkeit definiert.
- Der unter *ängstlich-vermeidender Persönlichkeitsstörung* leidende Mensch ist andauernd angespannt, besorgt, unbeholfen und im sozialen Leben eingeschränkt.

- Die Aufzählung der WHO wird komplettiert durch die *abhängige Persönlichkeitsstörung*, welche als zentrale Kennzeichen starke Ängstlichkeit, Gehemmtheit und die ständige Unterordnung eigener Bedürfnisse aufweist.

Bisher nicht enthalten ist in diesem wichtigen Katalog, sicher zu Ihrem Erstaunen, die *narzisstische Persönlichkeitsstörung*. Dies hat mit einem von Psycho-Wissenschaftlern seit Jahren in ungewohnter Heftigkeit und mit verhärteten Fronten betriebenen Fachstreit zu tun. Während die eine Gruppe die narzisstische Persönlichkeitsstörung als bedeutendste Form überhaupt bezeichnet und sie unter allen Umständen in den internationalen Diagnosekatalog aufgenommen wissen will, argumentiert die andere mit der Häufigkeit und fehlender Spezifität der Symptome. Narzisstische Züge seien in unserer Gesellschaft schon so verbreitet, dass sie zur Norm geworden seien, und stellten deswegen keine statistische Randgruppe mehr dar. Weshalb eskalierte dieser Streit aber ausgerechnet an der narzisstischen und – etwas weniger intensiv – an der histrionischen (= hysterischen) Persönlichkeitsstörung? Dies sei kein Zufall, meinen böse Zungen: Aus welchem Grund wollen sich Weltexperten nicht mit narzisstischen Störungen befassen und diese aus den psychiatrischen Diagnoseschemata verdrängen? Weshalb wird hier ein Glaubenskrieg betrieben? Hat dies etwa mit dem Narzissmus der beteiligten Personen zu tun?

Das in den angelsächsischen Ländern verwendete „Diagnostische und statistische Manual Psychischer Störungen“, 2013 in der 5. Ausgabe aufgelegt, behandelt die narzisstische Persönlichkeitsstörung ausführlich. Folgende wesentliche Merkmale kennzeichnen nach dieser Bibel der Psychiatrie eine narzisstische Persönlichkeit:

1. Übertriebenes Selbstwertgefühl (eigene Fähigkeiten und Talente werden übertrieben). Erwartung, selbst ohne besondere Leistung als „etwas Besonderes“ beachtet zu werden.

2. Ständige Fantasien von grenzenlosem Erfolg, Macht, Glanz, Schönheit oder idealer Liebe.
3. Ansicht, als Mensch besonders und einzigartig zu sein und deshalb nur von besonderen Menschen (etwa mit höherem Status) verstanden zu werden oder mit solchen verkehren zu wollen.
4. Ständiges Verlangen nach Bewunderung.
5. Anspruchsdenken.
6. Zwischenmenschliche Beziehungen werden ausgenützt, um die eigenen Ziele zu erreichen.
7. Mangel an Einfühlungsvermögen.
8. Neid auf andere oder Gefühl, beneidet zu sein.
9. Arrogantes, überhebliches Verhalten.

Bei den Persönlichkeitsstörungen ist es nun endlich möglich, Ihnen, geduldige Leserinnen und Leser, ein paar statistische Zahlen zum Narzissmus zu präsentieren. Abweichende Persönlichkeitszüge lassen sich ja im Gegensatz zu reinen Reaktionen durch psychologische Messinstrumente erfassen und empirisch vergleichen.

Die diesbezüglichen Untersuchungen besagen, dass knapp ein Prozent der Bevölkerung eine narzisstische Persönlichkeit aufweise. Unter psychisch Kranken ist sie wesentlich häufiger – in etwa fünf Prozent – vertreten. In der westlichen Gesellschaft findet man eher die egozentrisch-überheblichen Formen, im Fernen Osten mehr die versteckten und schüchternen Narzissten. Männer sind im Verhältnis von 2:1 stärker betroffen, allerdings ist auch beim Narzissmus eine Geschlechtsangleichung zu beobachten. Der männliche Narzissmus ist mehr durch Entwertung, Gewaltbereitschaft und Mobbing geprägt, der weibliche eher durch Stolz, Eigenliebe und Hysterie. Narzisstische Züge sind in allen Altersstufen anzutreffen, äußern sich aber stärker bei jungen Menschen.

* * *

Fragen wir uns nun, wie sich der durchgehende Narzissmus im täglichen Leben präsentiert und welche bisher nicht besprochenen Eigenschaften und Verhaltensweisen den Alltagsnarzissten ausmachen.

Ein Narzisst ist zunächst nicht in der Lage, einen Fehler zuzugeben oder gar sich zu entschuldigen. Dies wäre eine unerträgliche Kränkung und mit seinem Selbstbild von Stärke, Klugheit und eigener Großartigkeit nicht vereinbar. Der Narzisst macht keine Fehler, sein Standpunkt ist unzweifelhaft richtig, sein Handeln überlegt und kontrolliert. Daran lässt er ebenso wenig Zweifel wie an der Verachtung jeder kritisierenden oder bei ihm Schuldgefühle anrührenden Person. Selbst fahrlässiges und schuldhaftes Verhalten wird verherrlicht:

Entgegen allen Warnungen hatte Jan, erfolgreich in seinem Beruf als Broker, mit seinem Snowboard die gesicherte Piste verlassen und war in waldig-felsiges Gelände eingefahren. Die kleinliche Einschätzung der Einheimischen, deren Horizont seiner Meinung nach ohnehin nicht über die vor ihren Augen sich auftürmenden Berge hinausreiche, interessierte ihn ebenso wenig wie der höfliche Hinweis seines Privatskilehrers, wonach seine Snowboard-Beherrschung durchaus noch ausbaufähig sei. Und wer wird schon auf Wetterwarnungen Rücksicht nehmen, wenn er am Wochenende extra aus Frankfurt am Main angereist ist?
Es trat ein, was fast zu erwarten war. Jan hatte bald die Orientierung verloren, fand sich – gefesselt an das Snowboard – in einer tief verschneiten Wildnis wieder, kam wiederholt zu Sturz und blieb an einem Felsvorsprung hängen. Kopfüber vor dem Abgrund schwebend, war er nicht einmal mehr fähig, sein Handy herauszuholen und Hilfe zu rufen. Die Such- und Rettungsaktionen setzten erst gegen Abend bei zwischenzeitlich schlechter Witterung ein, als der prominente Gast aus Frankfurt in seinem Hotel vermisst worden war. 40 Mann der Berg- und Flugrettung suchten die ganze Nacht, unter extremen Bedingungen, der Heli-

koptereinsatz war nur beschränkt möglich. Gegen Morgen wurde Jan völlig entkräftet und durchfroren gefunden. Die Bergung war nur unter hoher Lebensgefahr für die Hilfskräfte möglich. Als diese bei Jan eintrafen, waren seine einzigen Worte: „Na endlich." Zwei Tage später wurde im Hotel eine Dankesparty für die Rettung veranstaltet. Jan hielt eine kurze Rede, die er mit den Worten eröffnete: „Wir feiern heute ein ganz tolles Abenteuer, das ich erlebt habe, eine einzigartige Erfahrung: die hohe Kunst des Überlebens." Kein Wort der Betroffenheit, kein Wort des Dankes. An die Rettungskräfte gewandt, meinte er lediglich: „Und für euch war es hoch an der Zeit, dass euch mal einer ordentlich fordert."

Würde sich ein Narzisst entschuldigen, müsste er von seinem Denken oder Tun abrücken und seinem Gegner – für den Narzissten sind alle Andersdenkenden Feinde – Respekt erweisen. Beides ist ihm unmöglich. Er hat weder die Reife noch die Gelassenheit, zu seinem falschen Verhalten zu stehen. Man kann sich fragen, ob sein Stolz oder die innere Unsicherheit stärker ist.

In einer Partnerschaftstherapie sprudelte es aus der Frau heraus: „In den 30 Jahren, seit wir uns kennen, habe ich kein einziges Mal die Worte ‚Tut mir leid …', ‚Verzeihung …', ‚Entschuldigung …' gehört." Kein einziges Mal hat er ihr zur Versöhnung ein Parfum geschenkt oder sie zum Essen eingeladen. Als er ihr Schmuck schenkte, geschah dies mit den Worten: „Damit du noch schöner bist – für mich." Blumen brachte er geradezu schematisch zum Geburts-, Hochzeits- und Valentinstag mit, immer mit der Bemerkung: „Damit man mir nichts nachsagen kann."

Das Schenken erfolgte ausschließlich, um keinen Makel auf seine eigene Person fallen zu lassen, um sich an die Etikette zu halten und um von vornherein gar keine Kritikmöglichkeit aufkommen zu lassen. Der Narzisst beschenkt andere, um die Großzügigkeit und Fehlerlosigkeit der eigenen Person zu beweisen.

So unmöglich einem Narzissten eine Entschuldigung über die Lippen kommt, so sehr fordert er sie von den anderen ein. Nicht, um ihnen zu verzeihen – siehe oben –, sondern als Geste der Unterwürfigkeit und der Bewunderung. Ein narzisstischer Politiker, welcher afrikanischstämmige Zuwanderer als „Schwarze Wurstfresser" diffamiert hatte und sich medial entschuldigen musste, bestellte das Abonnement der Zeitung, wo der Widerruf veröffentlicht wurde, sofort ab, mit der Begründung, dass die Entschuldigung für ihn die größte Schmach sei.

Einmal habe ich aber doch erlebt, wie sich ein schwerer Narzisst entschuldigt hat. Es handelt sich um einen Schönheitschirurgen, einen bekannten Ärztestar mit goldenen Händen. Sein bombastisches Auftreten, gepaart mit absolutistischer Sicherheit und zielsicheren Anordnungen, beeindruckte viele. Von weit her strömten ihm Patientinnen – besser gesagt: Kundinnen – zu. Nach außen hin überzeugend und von formaler Höflichkeit, verachtete er die Frauen innerlich zutiefst. Hinter den Kulissen sprach er von „Fleisch- und Knochenware", von „minderwertigen Körperteilen" und „Ersatzteillager". Er lachte über die „Blödheit der hässlichen Enten, die durch Heirat zu goldenen Gänsen" geworden seien, lästerte über deren „potenzschwache" Männer und bedachte alles mit seinen zynischen Kommentaren. Erwartungsgemäß machten diese nur vor ihm und seinen grandiosen Fähigkeit halt.
Seine Angestellten behandelte er wie Sklaven, ausbeuterisch, rücksichtslos, verachtend, bezahlte sie miserabel, stellte die Dienstpläne willkürlich um und holte die Arbeitnehmer an Wochenenden und während ihrer Urlaubszeit „wegen medizinischer Notwendigkeit" in den Dienst. Sie bezeichneten ihn als Charakterschwein, identifizierten sich aber wohl zum Teil mit ihrem Aggressor und sonnten sich in seinem Glanz.
Dann kam es zum Skandal. Der eifersüchtige Mann einer ehemaligen Schönheitskönigin, welche sich einem Lifting unter-

ziehen wollte, hatte sie bis in die Toilette hinein begleitet. Dort entdeckte er eine versteckte Überwachungskamera. Als die Medien in großer Aufmachung davon berichteten, begründete der Schönheitsexperte nach anfänglicher Ahnungslosigkeit die verbotene Installation mit Sicherheitskontrollen und Überprüfung der Praxisabläufe. Schließlich musste er sich auf einer Pressekonferenz zu einer Entschuldigung überwinden. Danach bestellte er die Frau zu einem Gespräch, indem er sich – so deren Erwartung – wohl persönlich entschuldigen werde. Zu ihrer Überraschung brüllte er sie, kaum dass sie seine prachtvolle Praxis betreten hatte, an: „Sie entschuldigen sich jetzt sofort!" – „Weshalb denn?", fragte die verwunderte Frau. „Weil ich mich wegen Ihnen entschuldigen musste."

Ein Narzisst vergisst nie. Wer einmal einen Narzissten beleidigt hat, erhält kaum Chance auf Wiedergutmachung. Da helfen weder Rechtfertigungen und Entschuldigungen noch Demutsgesten und Unterwerfungsrituale. Die Kränkung des Narzissten sitzt tief, tiefer als Versöhnlichkeit, Vernunft oder Harmoniebedürfnis. Verzeihen setzt Hineinfühlen in den anderen und Reflexion der eigenen Reaktionen voraus. Beides ist dem Narzissten nicht möglich, vielmehr wird er sich, einmal attackiert, noch enger an sein gewohntes Verhalten klammern: sich noch mehr in seine Grandiosität versteigen und den Kritiker noch mehr verachten und entwerten. Wie wahr ist das berühmte Wort: „Gott verzeiht, ein Narzisst nie."

Die Chefärzte zweier benachbarter Kliniken, jeweils zuständig für die seelische Gesundheit, pflegten seit Jahren eine tiefe Feindschaft. Die Persönlichkeit des anderen sei mies, ein typischer Karrierenarzisst, seine wissenschaftlichen Werke überwiegend nichtssagend oder plagiiert, die Behandlung der Patienten lieblos und die Therapie auf dem Stand des letzten Jahrhunderts. Die unversöhnliche Auseinandersetzung, in die zwangsläufig das ge-

samte Personal mit einbezogen wurde, verunmöglichte jegliche Zusammenarbeit. Obwohl die Streithähne Experten für Krisenbewältigung, Konfliktmanagement und konstruktive Führung waren und sich einer langjährigen psychotherapeutischen Ausbildung erfreuten, scheiterten alle Versöhnungsversuche. Nachdem einer der beiden Chefs in einem Selbsterfahrungsseminar geläutert worden war, suchte er seinen Gegner auf, bat diesen um Beendigung der Feindseligkeiten und bot ihm Versöhnung an. Tags darauf berichtete der so von seinem vermeintlichen Feind Überraschte seinem Team, geriet bei den Schilderungen mehr und mehr in Rage und schrie schließlich hinaus: „Ich lasse mich von diesem Psychopathen doch nicht mit Frieden erpressen!“

Und was sagt die Wissenschaft?

Viel von dem, was wir über die narzisstische Persönlichkeitsstörung wissen, verdanken wir dem New Yorker Psychoanalytiker Otto F. Kernberg. Mehr als die vorausgehenden Ausführungen sagen uns seine komprimierten Beschreibungen das Wesentliche über die narzisstische Persönlichkeit:

„Die Hauptkennzeichen narzisstischer Persönlichkeiten sind also Größenideen, eine extrem egozentrische Einstellung und ein auffälliger Mangel an Einfühlung und Interesse für ihre Mitmenschen, so sehr sie doch andererseits nach deren Bewunderung und Anerkennung gieren. Sie empfinden starken Neid auf andere, die etwas haben, was sie nicht haben, und sei es einfach Freude am Leben. Es mangelt diesen Patienten nicht nur an Gefühlstiefe und an der Fähigkeit, komplexere Gefühle anderer Menschen zu verstehen, sondern ihr Gefühlsleben ist auch nur mangelhaft differenziert, die Emotionen flackern rasch auf und flauen gleich wieder ab. Was besonders auffällt, ist das Fehlen echter Gefühle

von Traurigkeit, Sehnsucht, Bedauern; das Unvermögen zu echten depressiven Reaktionen ist ein Grundzug narzisstischer Persönlichkeiten. Von anderen verlassen oder enttäuscht, können sie wohl in einen Zustand geraten, der äußerlich wie eine Depression erscheint; bei genauerer Untersuchung erweist sich jedoch, dass Wut, Empörung und Rachebedürfnisse dabei die Hauptrolle spielen und gar nicht so sehr eine echte Traurigkeit über den Verlust eines geschätzten Menschen."

Otto F. Kernberg, in: Borderline-Störungen und pathologischer Narzissmus, Frankfurt am Main 1978, S. 262 f.

Das personifizierte Böse
oder
Der maligne Narzissmus

Werden Kriminalpsychologen oder Gerichtspsychiater bei großen Verbrechen nach den möglichen Motiven und psychischen Störungen der Täter gefragt, stellen sie mit bedeutungsschwangerer Stimme unisono fest: „Es ist ihm um Macht gegangen, er muss ein schwerer Narzisst sein." Diese Antwort kommt mit der Regelhaftigkeit einer Allerweltsdiagnose, ist also fast immer richtig, bezeugt aber auch das heutige Verständnis von schweren Verbrechen: Es geht um Machtausübung und Kontrolle oder um Gekränktheit und Rache. Tatsächlich zeigt sich das empathielose und entwertende Gesicht des Narzissmus kaum irgendwo klarer als im Verbrechen.

Otto F. Kernberg, weltweit führender Psychoanalytiker und bedeutendster Narzissmusforscher, hat bei der Untersuchung zahlreicher sexueller Serienkiller ein relativ einheitliches Persönlichkeitsbild gefunden, dem er den Namen „maligner Narzissmus" gegeben hat. Begibt man sich auf die Suche nach dem psychologisch-psychiatrischen Korrelat des sogenannten „Bösen", landet man nicht bei Wahnerkrankung und Manie, nicht bei Dissozialität und Hysterie, sondern bei dieser schwersten aller Persönlichkeitsstörungen. Sie besteht aus einer Kombination von narzisstischer Grundstruktur, antisozialem Verhalten, hochgradigem Aggressionspotenzial und einer ausgeprägten misstrauisch-paranoiden Haltung. Die pathologische Selbstliebe des bösartigen Narzissten ist durch Egozentrizität, grandiose Fantasien, Abhängigkeit von äußerer Bewunderung und extremen Ehrgeiz, aber auch durch ständige Unterlegenheitsgefühle, chronische

Unzufriedenheit, minimale Einfühlungsfähigkeit und deutliche Defizite in den positiven Emotionen geprägt. Wie alle Narzissten sucht er zwanghaft nach Macht und Reichtum. Er träumt von Erfolg, Schönheit und Einzigartigkeit. Etwas vom Gefährlichsten ist sein Neid, der zu einer ständigen Entwertung und Entwürdigung der anderen führt. Von diesem bohrenden Gefühl getrieben, muss er die anderen ständig niedermachen, demütigen und unterwerfen.

Die antisozialen Züge des bösartigen Narzissten zeigen sich in seinem parasitären Verhalten. Er legt eine hohe Ansprüchlichkeit an den Tag, beutet alles rücksichtslos aus, zeigt sich dabei als Meister im Blenden, Lügen und Betrügen und holt sich mit Selbstverständnis und Rücksichtslosigkeit all das, was ihm seiner Meinung nach zusteht. Dabei macht er auch vor Gewalttätigkeit nicht halt. Da der Narzisst aber durchaus in der Lage ist, moralische Bedenken zu entwickeln, kann er sich am Gegenüber interessiert, verständnisvoll und loyal präsentieren. Dies hat aber keinen Tiefgang, sondern dient nur dem Ziel, auch im mitmenschlichen Umgang der Beste, Anerkannteste und „Liebste" zu sein. Er setzt gekonnt den „Charme des Narzissten" ein.

Der maligne Narzissmus wird durch ein hohes Aggressionspotenzial gespeist. Im normalen sozialen Leben wird dies kontrolliert und zeigt sich allenfalls in sarkastischen oder zynischen Äußerungen. Bei Stress und in gespannter Atmosphäre bricht die Aggressivität durch und stellt eine primitive Machtausübung dar. Selbst wenn sich die Aggression gegen die Person richtet, wenn der Narzisst also mit Suizid droht oder gar einen Suizidversuch unternimmt, will er damit andere erpressen, kleinkriegen und ihren Willen brechen.

Besonders gefährlich ist die misstrauisch-paranoide Orientierung des malignen Narzissten. Er befürchtet weniger konkrete Verfolgung und Benachteiligung, sondern vielmehr Angriffe auf seine Grandiosität und Beschädigung seines fantastischen Selbstbildes. Oft scheint ihn die Angst vor anderen narzisstischen Menschen eifersüchtig zu machen, er fürchtet das Auftreten noch großartigerer Personen. Deshalb sieht er in den Mitmenschen überwiegend feindselige Wesen oder er spaltet sie auf in Idole und Narren. Wie gefährlich dieses wahnhafte Empfinden des Narzissten werden kann, zeigte sich am Beispiel des römischen Kaisers Nero, der sich im Übrigen – ganz Narzisst – selbst als großen Künstler sah. Zahlreiche seiner vielen Verbrechen sind auf seine Verfolgungsideen zurückzuführen. So soll er seinen Stiefbruder Britannicus vergiftet haben. Seine von ihm gefürchtete Mutter Agrippina ließ er ermorden, ebenso seine beiden Frauen Octavia und Poppaea Sabina.

Auch im Persönlichkeitsprofil der meisten anderen großen Diktatoren, von Attila bis Josef Stalin und von Adolf Hitler bis Pol Pot, werden bösartig-narzisstische Charakterzüge beschrieben und für ihr Unwesen mitverantwortlich gemacht.

Nach den psychoanalytischen Erklärungen werden die überhöhten Machtansprüche des bösartigen Narzissten auf schwere Kränkungen in der Kindheit zurückgeführt. Damals habe er sich geschworen: „Wenn ich einmal erwachsen werde, will ich Macht haben, und weder du noch irgendjemand anderer wird mir das noch einmal antun können." Dieses Ziel verfolgt er dann rücksichtslos. Für den Narzissten gelten nur die eigenen Regeln, er entwickelt sich zu einem gewissenlosen Menschen, welcher glaubt, die Welt sei nur für ihn da. Gezielt setzt er seinen Charme, seinen hellen Verstand und sein gutes Aussehen ein, um Macht auszuüben. Wer von uns ist nicht schon auf den „Charme des Narzissten" hereingefallen?

Die Unfähigkeit zum Einfühlen in andere Menschen wird mit einer ebenfalls auf die Kindheit zurückzuführenden „Gefühlsverleugnung" begründet. Bei den Traumatisierungen in der Kindheit konnten die späteren Narzissten nur überleben, indem sie jegliches Gefühl abtöteten. Nur so war es ihnen möglich, ihre eigenen emotionalen Verletzungen zu überstehen. Später aber fehlt ihnen das Einfühlungsvermögen auf allen Gebieten, sodass sie „unbarmherzig, ausbeuterisch, sadistisch und destruktiv" gegen andere werden. Sie sind nicht nur unempfindlich gegen sich selbst, sondern auch gegen die Gefühle und Leiden anderer.

Bösartige Narzissten denken und fühlen immer in Extremen. Für sie gibt es nur „ganz gut" und „ganz schlecht". Die zahlreichen Zwischenstufen im menschlichen Leben und die Übergänge der Persönlichkeitszüge sind ihnen fremd. Deshalb kann das Verhalten anderer Personen nur extrem hinterhältig und böse oder ganz vorzüglich und elitär sein. Genau so, wie sie als Babys die Muttergestalt in eine gute und böse Ausgabe gespaltet haben, ziehen sie dies im Erwachsenenalter durch. Das Frauenbild ist zwischen den beiden Extrempolen einer nährend-versorgenden, schützenden, nahezu heiligen und einer bösartig-berechnenden, kaltherzigen, sich prostituierenden Person angesiedelt.

Wegen dieser extremen Empfindlichkeit und Kränkbarkeit, der panischen Angst vor Verletzung des Selbstgefühls und dem hohen Aggressionspotenzial geraten solche Personen in einen sehr gefährlichen Zustand – jenen der narzisstischen Wut. Der bekannte Psychoanalytiker Heinz Kohut führt dies auf das Bedürfnis nach Rache zurück. Die oft unverhältnismäßig heftige Wut resultiert aus der unbändigen Lust, eine Verletzung mit allen möglichen Mitteln ungeschehen zu machen. Der narzisstische Wüterich ist also im Prinzip ein verletztes, hilfloses, schreiendes Kind.

* * *

Machen wir aber nicht den Fehler, bösartige Charakterstrukturen dieser Art nur bei Dissozialen, Mördern und Diktatoren zu sehen. Wohl kommen sie dort in besonders ausgeprägter Form zum Ausdruck und finden in abscheulichen Verbrechen ihren dramatischen Niederschlag. Abgeschwächt, gemildert und weniger vordergründig finden wir die bösartige Charakterstruktur auch außerhalb des Kriminellen, bei sozial meist angepassten, äußerlich wenig auffälligen Menschen. Die extreme Diskrepanz zwischen der lange Zeit unauffällig bleibenden Fassade und der erschreckenden, grauenhaften Innenwelt gehört geradezu zum Wesen dieser Störung. So werden spätere Amokläufer, Sexualtäter und Serienkiller von ihrer Umgebung meist als unauffällig, als umgänglich und nett, als „graue Mäuse" beschrieben, denen man solch schreckliche Taten nie und nimmer zugetraut hätte.

Der zwölfjährige Junge hatte auf dem langen Gang des Internats mit dem Fußball gespielt und dabei eine Lampe zertrümmert. Vom Erzieher, wegen seiner sadistischen Strafen berüchtigt, wurde sofort eine Versammlung aller „Zöglinge" – wie sie damals genannt wurden – einberufen. Er werde nun allen zeigen, um welchen „sportlichen Trottel" es sich beim Unglücksschützen handle. Er zitierte diesen auf die Bühne und hielt ihm einen Schlüsselbund vor die Nase, mit der Aufforderung, konzentriert auf diesen zu blicken, ehe er ihn in die Höhe warf. Während der Junge dem Gegenstand nachblickte, versetzte der Erzieher dem hilflosen, zu gar keiner Abwehrreaktion fähigen Jungen einen Faustschlag mitten ins Gesicht und dann einen Tritt mit dem Knie gegen den Bauch, sodass der Junge blutend zusammensackte. Über ihn hinwegblickend, meinte der Erzieher zum fassungslosen Publikum: „Im Boxen wäre er wohl noch mieser als im Fußballspielen."

Solch grauenhafte Beispiele sind während der Aufarbeitung institutioneller Missbrauchshandlungen an Kindern und Jugendlichen in großer Zahl aufgedeckt worden. Wenngleich sie aus einer zurückliegenden Zeit stammen, beweisen sie, dass der bösartige Narzissmus nicht nur dort, wo ihn Kernberg beschrieben hat – bei Serienmördern und Sexualstraftätern –, zu Hause, sondern auch bei ganz normalen Menschen anzutreffen ist.

Manch bösartiger Narzisst kann seine sadistischen Strebungen umwandeln, sei es in Worte, in berufliche Strebsamkeit, in

Dominanzverhalten innerhalb der Partnerschaft oder in grenzwertige, strafrechtlich gerade noch nicht relevante Verhaltensweisen wie Mobben, Querulieren oder emotionale Grausamkeit. Mehr als einmal haben mir Zuhörerinnen nach Vorträgen, die ich über die Psychologie des Bösen oder die Seele des Verbrechers gehalten habe, die Rückmeldung gemacht, ich hätte heute ein geradezu verblüffendes Psychoporträt ihres Gatten geliefert. Manche haben mich erstaunt gefragt, weshalb ich denn ihren Chef so treffend beschreiben könne. Und ein Dritter hat gemeint, jetzt verstehe er endlich, wie sein Kollege psychologisch ticke.

In mehreren psychologischen Untersuchungen über das Persönlichkeitsprofil von Managern, Bankern und anderen Führungspersönlichkeiten wurden ähnliche Profile erhoben, wie wir sie aus der kriminologischen Forschung kennen. Mit einem Wort kann man sagen: In verdünnter Form finden wir den bösartigen Narzissmus bei vielen scheinbar ganz normalen Menschen und in alltäglichen sozialen Situationen, zur Reindarstellung kommt er aber vornehmlich bei großen Verbrechern.

Die bösartige Form des Narzissmus finden wir nicht nur beim männlichen Geschlecht. In deutlich geringerer Häufigkeit sind auch Frauen betroffen, zeigen dann aber eine andere, verweiblichte Symptomatik. Die Dissozialität äußert sich weniger in Straftaten als vielmehr in mangelnder Bindungsfähigkeit und rasch wechselnden Beziehungen. Der Sadismus spielt sich eher auf einer emotionalen als einer tätlichen Ebene ab. Die eigentliche narzisstische Komponente sieht man in labilem Selbstwertgefühl, welches sich hinter einer betont selbstbewussten Fassade, hinter Attraktivität, Leistung und Perfektionismus verbirgt. Die paranoiden Interpretationen als vierter Komponente des bösartigen Narzissmus manifestieren sich bei Frauen vor allem in der Angst, vollkommen vereinnahmt oder verlassen zu werden. Auch diese Verhaltensweisen sind in Partnerschaft, Beruf und gesellschaftlichem Leben in ganz unterschiedlicher Ausprägung integriert. In extremster Form sind sie am deutlichsten bei Giftmörderinnen zu sehen, welche durchwegs als äußerlich attraktive, liebevoll wirkende intelligente Frauen beschrieben wurden. Kaum zu fassen ist bei ihnen der extreme Gegensatz zwischen äußerem Liebreiz und inneren sadistischen Regungen, zwischen äußerer Schönheit und den perfekt verborgenen sadistischen Bedürfnissen. Das ist eben Narzissmus.

Heute zeigt sich der bösartige Narzissmus oft in modernem Outfit, und zwar bei verschiedenen Formen der Verbrechen. Genannt seien Cybermobbing, bei welchem der bösartige Narzissmus gleichsam virtualisiert wird, ferner Amoklauf und erweiterte Suizide.

Die Möglichkeiten zum destruktiven Agieren im Internet haben dem narzisstischen Handeln eine völlig neue Qualität gegeben und das verbrämte, in vielen klassischen Gemälden dargestellte und in Gedichten abgehandelte Phänomen modernisiert. Seine vier Komponenten – Egozentrizität, Empfindlichkeit, Empathiemangel und Entwertung – zeigen sich in den Postings und Chats in geradezu klassischer Form. Aufdringliche Mitteilungsbedürfnisse und geschönte Selbstdarstellungen, aggressiver Zynismus, versteckt hinter einer Fassade namens „Nickname", und rücksichtslose Entwertung anderer sind durchgängig zu beobachten. Wenngleich viel über den „rechtsfreien Raum" des Internets geklagt wird, darf man dessen aggressionsabführende, reinigende Funktionen nicht übersehen. Alle narzisstischen Bedürfnisse, die im virtuellen Bereich ausgelebt werden, müssen im direkten Kontakt nicht mehr umgesetzt werden. Mit anderen Worten heißt dies: Das Internet ist nicht nur eine ideale Spielwiese für den modernen Narzissten, sondern hat durch die Virtualisierung dem bösartigen Narzissmus etwas von seiner täglichen Grausamkeit genommen.

* * *

In verdichteter Form äußert sich die ganze Bösartigkeit des Narzissmus bei fälschlich so genannten Amokläufen, den School-

Shootern. Eigentlich handelt es sich bei diesen um Massakristen. Amokläufer befinden sich in einer Art Dämmerzustand. Sie sind verwirrt, gehen ungezielt vor und haben an die Tat keine Erinnerung. Bei den Schulattentaten haben alle Täter die Tat genau geplant und sie mit eiskalter Berechnung durchgeführt.

Vor dem Hintergrund einer immer mehr auf narzisstische Ideale zusteuernden Gesellschaft scheint es kein Zufall, wenn sich die Motive dieser schrecklichen und folgenschweren Verbrechen vom Kranken auf das Narzisstische verlagert haben. Während in der Forschung über die Motive von Amokläufern früher in erster Linie Alkoholvergiftungen, Dämmerzustände oder psychotische Aggressionsstürme genannt wurden, lassen sich beim modernen Amokläufer solche krankhaften Störungen kaum mehr ausmachen. Vielmehr zeichnen sich rein narzisstische Hintergründe ab, vor allem Kränkungserlebnisse, Rachebedürfnisse, Selbstdarstellung und Machtausübung – selbst über Leben und Tod.

Beim modernen Amokläufer handelt es sich meist um äußerlich angepasste, innerlich verunsicherte, unter Selbstwertzweifeln leidende junge Männer. Überraschenderweise stammen diese meist nicht aus sozial desolaten Verhältnissen, sondern aus Mittel- und Oberschichtfamilien, in welchen der Umgang mit Gefühlen prägender zu sein scheint als soziale Nöte. Der potenzielle Täter fühlt sich wenig geliebt, wenig verstanden und wenig akzeptiert. In seinem Innern ballen sich Emotionen der Frustration, des Neides und der Rache zusammen. Er will einmal „nicht nichts sein“, sich aus seiner Niedrigkeit herausheben und für einen Moment die Welt beherrschen. In dem gewöhnlich gut geplanten, eiskalt durchgeführten Massaker zeigt sich seine ganze Egozentrizität: Wichtig sind nur Kränkungen und seine Frustrationen, seine Verletzungen und seine Bedürfnisse. Das Schicksal der unschuldigen Opfer und das Leid der Angehörigen berühren ihn nicht mehr im Geringsten. Wenn Überlebende von School-Shootings berichten, der Täter habe nicht nur klar und überlegt gewirkt, sondern oft während der Tötungen gelächelt, zeigt sich darin das ganze Bild des Narzissmus von seiner hässlichsten Seite.

Am deutlichsten ist der bösartige Narzissmus dort zu erkennen, wo der Begriff geprägt wurde: beim sexuellen Serienmörder. Bei diesem kombinieren sich extremster Selbstbezug, rücksichtsloser Sadismus, Verachtung aller Gesetze und sozialer Normen mit der misstrauischen Grundhaltung. Der Killer wird getrieben von Macht- und Kontrollbedürfnissen, er fühlt sich nur dann stark, wenn er andere beherrschen kann. Jeglicher Widerstand und jegliches Ausweichen werden als bedrohlich, als beleidigend und als kränkend erlebt. Wie kann es diese Kreatur nur wagen, sich mir nicht zu unterwerfen und andere Bedürfnisse zu haben als ich? Überlebende Opfer schildern, wie der Peiniger sie zunächst mit Zärtlichkeiten umschmeichelte und umschwärmte, sie mit lieblichen Worten bedachte und ihnen seine einzigartige Liebe verkündete. Er musste sein Opfer als großartige Partnerin darstellen, da nur diese seiner würdig war. Urplötzlich schlug dann die Stimmung in das pure Gegenteil um: Statt Bewunderung kamen Beleidigungen und wüste Beschimpfungen, statt Verehrung nur noch Abwertung, statt Schmeichelei Drohung. Die narzisstische Befriedigung wurde jetzt plötzlich aus der Erniedrigung und Entwertung des Opfers geschöpft. Solche Situationen sind gefährlich, extrem gefährlich, meist tödlich.

Von der gekränkten Reaktion bis zum Größenwahn oder Krankheitsursache Narzissmus

Erich Fromm, der große Psychoanalytiker, hat dem Narzissmus enorme Bedeutung in der Verursachung psychischer Krankheiten zugemessen. Er hält ihn für das wichtigste Störungsbild überhaupt und hat einmal gemeint, Narzissmus liege ohnehin jeder psychischen Erkrankung zugrunde. Während wir dies bei leichteren Störungen wie Eifersucht, Gekränktheit oder Minderwertigkeitskomplexen gut nachvollziehen können, ist es bei den großen psychiatrischen Leiden, etwa Schizophrenie oder manisch-depressiver Erkrankung, nicht auf den ersten Blick erkennbar. Bei genauer Analyse kann man aber selbst bei den schizophrenen oder wahnhaften Psychosen, bei denen die Betroffenen in einer im wahrsten Sinn des Wortes „verrückten" Welt leben, narzisstische Züge erkennen. Nicht nur das, hier zeigt sich oft auf einzigartige Weise, wie der Narzissmus dazu dient, sich aus einer unbeachteten gesellschaftlichen Rolle, einem freudlosen Dasein und einem „minderen" Leben zu befreien. Ich will Ihnen das in der ungemein faszinierenden Welt der Psychosen am Beispiel von Menschen mit chronischen Wahnstörungen zeigen. Besuchen Sie mit mir Patienten in einer psychiatrischen Langzeitstation:

Ein ständig vor sich hin sprechender Patient mit Größenwahn, der seit Jahrzehnten in einer psychiatrischen Klinik untergebracht war, gewährte mir eines Tages die Gunst – wie er es nannte –, mich an seinen Selbstgesprächen teilnehmen zu lassen. Er sei ein sehr, sehr reicher Mann, unendlich wohlhabend, besitze sagenhafte Reichtümer, große Ländereien in Schweden, Bauernhöfe in

Polen und Eigenjagden in Tschechien. Tausende von Waldarbeitern, Holzfällern und Bauernknechten stehen auf seiner Lohnliste. „Was wollen Sie", fragte er mich, „mit Ihrem lächerlichen Gehalt? Während Sie hier arbeiten, für nichts und wieder nichts, tagaus und tagein, ohne viel Erfolg, arbeiten für mich andere Menschen ... Ich muss nichts tun, ich bin frei, du bist Sklave. Verschwinde, abtreten!" Und er verfiel wieder in seinen Monolog, zog sich zurück in seine eigene Welt ... und er lächelte beglückt.

*

Ein unter Verarmungsideen leidender Patient konnte draußen nicht mehr leben. Aus dem ehemals sparsamen Mann war ein unsäglicher Geizkragen geworden. Der Geiz verdichtete sich zum Verarmungswahn. Er gab kein Geld mehr aus, kaufte nichts mehr ein, keine Kleidung, keine Zigaretten, kein Bier, zuletzt nicht einmal mehr Nahrungsmittel. Er schaltete den Fernseher nicht mehr ein und sparte Strom, indem er nur noch im Dunkeln saß. Verwahrlost und fast verhungert wurde er von Nachbarn gefunden. Dieses Verhalten setzte er auf der Station fort. Er wollte nichts essen, wusch sich nur mit kaltem Wasser, schaltete ständig brennende Lichter aus. Die angebliche Verschwendungssucht der anderen Patienten war ihm ein Gräuel. Nach jahrelanger Unterbringung änderte sich sein Auftreten: Er kehrte aus sich heraus, wurde aktiv und herrisch, unduldsam und überheblich. Seine ehemalige Unterwürfigkeit verwandelte sich in eine gebieterische Haltung, sein Geiz in Freigiebigkeit. Sein Wahn hatte sich gewandelt, die ehemaligen Verarmungsideen schlugen ins Gegenteil um. Jetzt war er reich, mächtig und dominant. Man hatte ihn zum „Herrn des elektrischen Stroms" ernannt, so erzählte er jedem. Während die Pfleger und Ärzte sich mühten und abrackerten, ständig ihrer Arbeit nachjagten, ihre Dienstzeiten genau einhalten mussten und dafür nur einen kleinen Lohn – einen Schandlohn –

erhielten, arbeiteten für ihn die Stromzähler. „Hunderttausende Geräte messen den Stromverbrauch, rund um die Uhr, jahraus und jahrein. Und ein schöner Prozentsatz geht automatisch mir, dem Gebieter der Elektrizität, zu." Um die Richtigkeit seiner Ausführungen zu untermauern, lief er von Zimmer zu Zimmer, schaltete alle Lichter ein, aktivierte im Bad einen Fön und drehte die Heizkörper auf die nächste Stufe. Er hatte sich selbst aus seinem armseligen Dasein befreit, aus seiner Minderwertigkeit erlöst, seine Ängste besiegt und sich selbst zum Herrscher der Elektrowelt erkoren. Der sich alles Versagende war zum grandiosen Millionär geworden. Ist das nicht schöner als ein Leben in Armut?

*

Auf demselben Gang drehte eine schlanke, hochgewachsene Frau unauffällig ihre Runden, tagtäglich und jahraus, jahrein. Ihr aufrechter Gang und die kontrolliert kleinen Schritte gaben ihr etwas Erhabenes. Nie ließ sie sich zur Teilnahme an Gruppensitzungen oder Therapiegesprächen bewegen. Es war völlig aussichtslos, ihr eine Arbeit zuzuteilen, sie war nicht einmal zum Lesen oder Fernsehen zu bewegen. Wieder einmal forderte ein junger Pfleger die einherschreitende Frau auf, zur Blutdruckkontrolle auf den medizinischen Stützpunkt zu kommen. Ohne sich im Geringsten irritieren zu lassen, schritt sie weiter. Dem Pfleger schenkte sie keinen Blick, erhob aber ihre Hand zu einer hoheitsvollen Geste und meinte in zurechtweisendem Ton: „Mein Reich ist nicht von dieser Welt."

Warum ich Ihnen diese Geschichten erzähle? Nicht zur Belustigung über psychisch Kranke oder zum Spott über Verrückte, nicht nur zum Staunen über die oft bizarren Erscheinungen des menschlichen Lebens und nicht zur Befriedigung unserer exhibitionistischen Gier. Vielmehr, weil wir uns fragen sollen, ob der

Narzissmus bei den sogenannten Normalen nicht genau dieselbe Bedeutung hat wie bei den als krank Klassifizierten: sich herauszuheben aus dem Durchschnittlichen, seine Bedeutung über andere zu erhöhen, letztlich aber in einer tatsächlich „verrückten“ Scheinwelt zu leben.

Auch unter den Gemütskrankheiten finden wir sehr viele narzisstische Symptome. Am deutlichsten werden diese in der Manie, der überdrehtesten Form des Narzissmus, sichtbar. Der manische Mensch ist getrieben, euphorisch, kritiklos. Er steckt voller Ideen, spürt in sich unglaubliche Kräfte und Aktivitäten, fühlt sich den anderen weit überlegen, lässt sich in keiner Weise korrigieren und hat nicht das geringste Problembewusstsein. Dies alles sind narzisstische Symptome, die allerdings im Rahmen einer unverschuldeten, schicksalhaften Stimmungserkrankung auftreten. Allein diese Form der narzisstischen Störung ist durch Medikamente heilbar.

* * *

Narzissmus liegt, wie bereits ausgeführt, vielen Persönlichkeitsstörungen und der ganzen Palette von Suchterkrankungen zugrunde. Vor allem aber ist er Ursache und Auslöser von neurotischen Entwicklungen:

Da der Narzisst unter innerer Unsicherheit und Angst leidet, fühlt er sich ständig kritisiert, bedroht und niedergemacht. Dagegen kämpft er aktiv an, meist in überschießender Form. Während Menschen mit anderen Neurosen aufgrund ihrer eigenen Unsicherheit oft resignieren und depressiv werden, ergreifen jene mit narzisstischen Formen die Initiative. Mit allen Mitteln kämpfen sie um Anerkennung und Zuwendung. *„Gegen die drohenden Kleinheitsgefühle sind Höchstleistungen ein probates Mittel“*, schreibt der deutsche Forscher Daniel Leising, und: *„Wer nie mehr der Kleinste sein will, der versucht der Allergrößte zu werden.“* Die Angst vor Gesichtsverlust treibt sie zu Höchstleistungen. Anerkennung und Erfolg sind die Triebfedern ihres Handelns. Treffend spricht man bei einer solchen Entwicklung von einer „Profilierungsneurose".

Auch die Zwangsstörungen lassen sich unschwer mit narzisstischen Ängsten erklären. Der Narzisst erträgt es nicht, wenn sein grandioser Körper verschmutzt, von Viren und Bakterien infiziert oder von schwitzenden Händen berührt wird. Er fühlt sich ständig „unrein" und von Krankheiten bedroht, beides hält er nicht aus. So wird er sich am Tag dutzende Male die Hände waschen, ein Bad nach dem anderen nehmen, Händeschütteln meiden und bei jeder Gelegenheit Handschuhe tragen. Eine schwer narzisstische Frau, deren Haut durch die Dauerdesinfektionen völlig aufgelöst war, berichtete von durchschnittlich zehn Duschbädern pro Tag. Sie verhungerte fast, weil sie fürchtete, alle Speisen seien von minderer Qualität, mit chemischen Substanzen durchsetzt oder auf andere Weise schädlich. Dies konnte sie ihrem grandiosen Körper nicht zufügen, wurde aber vor lauter Sorge und Vorsicht schwer zwangskrank – und noch verletzlicher. Narzissmus limitiert sich immer selbst.

Die zunehmende narzisstische Neurotisierung unserer Gesellschaft hat aber auch mit einem anderen Verständnis des Traumabegriffes zu tun. Obwohl unsere heutige Zeit zumindest in der westlichen Welt sehr sicher und im Vergleich zu früher ungefährlich geworden ist, klagen immer mehr Menschen über schwerste seelische Verwundungen. Wir sind offensichtlich zu einer Gesellschaft der Missbrauchten, Traumatisierten und Ausgebrannten geworden. Während früher nur dann von einem Psychotrauma gesprochen wurde, wenn die Opfer unter existenzieller Vernichtungsangst leiden mussten, hat der narzisstische Mensch die Grenze deutlich niedriger angesetzt. Kaum ein Verkehrsunfall, sei es nur mit geringem Blechschaden, der nicht ein Trauma ausgelöst hätte. Kaum eine Erziehungsmaßnahme, welche nicht traumatisierende Folgen hätte. Kürzlich rief mich eine Frau in höchster Not zu Hilfe und berichtete ganz aufgelöst über eine schwere Traumatisierung: Beim Besuch ihrer Freundin sei ihr deren Katze auf die Zehen getreten. Dies habe bei ihr Angst vor wilden Tieren ausgelöst, sie träume jede Nacht davon, aufgefressen zu werden, sie brauche sofort intensivpsychiatrische Hilfe.

Narzissten entwickeln aber oft Konkurrenz- und Bedrohungsgefühle, an denen sie zerbrechen können. In neurotischer Weise fürchten sie sich vor ihren vermeintlichen Schwächen, vor Bloßstellungen, vor Versagen. Sofern es ihnen nicht gelingt, sich durch Selbsterhöhung und Omnipotenzgefühle zu retten, reagieren sie dann resignierend und verfallen in eine anhaltende Depression.

* * *

Gerade in der heutigen Zeit, in welcher der schöne menschliche Körper mehr denn je im Mittelpunkt steht, löst der Narzissmus eine immer häufiger zu beobachtende Störungsgruppe aus: jene der **psychosomatischen Erkrankungen**.

Man versteht darunter jene körperlichen Beschwerden und Erkrankungen, welche allein durch psychische Probleme hervorgerufen werden. Die betroffenen Patienten verspüren körperliche Symptome, für die man keine organische Ursache findet. Ausgehend von einer ganzheitlichen Betrachtungsweise, kommunizieren Körper und Psyche wie zwei miteinander verbundene Gefäße. Bewegungen im einen werden auch Auswirkungen auf das andere haben. Im Volksmund, der so viele Kenntnisse und Erfahrungen zum Ausdruck bringt, drücken wir diese seelisch-körperliche Verbindung durch Worte aus wie: „*Das geht unter die Haut … er ist dünn- oder dickhäutig … jemand trägt die Nase hoch … ich habe den Ärger hinuntergeschluckt … er hat ein weiches Herz, ein hartes Herz … sie starb an gebrochenem Herzen … da habe ich weiche Knie bekommen … man könnte sich grün und blau ärgern …*“.

Die wichtigsten psychosomatischen Leiden, von denen insgesamt 20 bis 30 Prozent der erwachsenen Bevölkerung betroffen sein sollen, sind Kopf- und Rückenschmerzen, Asthma, Herzbeschwerden, Magenprobleme und die klassischen Vertreter wie Magersucht oder chronische Darmentzündungen.

Jene Organe, welche von psychosomatischen Störungen betroffen sind, gelten als Symbole für die dahinterliegenden Konflikte: Hat jemand eine schwere Sorge zu tragen, leidet er unter Rücken- oder Kreuzweh. Lebt jemand im Gefühl, intellektuell unterfordert und beruflich überqualifiziert zu sein, können Migräneattacken auftreten. Sorgen um die wirtschaftliche und gesundheitliche Existenz betreffen das Herz als Organ des Lebens. Und wenn sich jemand nicht wohl in seiner Haut fühlt, wird dies an Ausschlägen unseres „Schauorgans“ sichtbar.

Narzissten mit psychosomatischen Störungen leiden tatsächlich schwer. Hinter jedem Jucken vermuten sie eine bösartige Erkrankung, jedes Drücken bedeutet für sie ein chronisches Leiden, überall fürchten sie sich vor Krebs, Aids und Herzinfarkt. Durch die narzisstische Erwartungshaltung wird die Wahrnehmung geschärft, was wiederum zu stärkeren ängstlichen Reaktionen führt, und so geraten sie in einen Teufelskreis. Der Höhenflug des Narzissten endet im Absturz seiner Phobie.

Der Zusammenhang zwischen psychosomatischen Störungen und Narzissmus liegt in der Wichtigkeit, die der gesunde, starke und schöne Körper für den Narzissten hat. Ewige Jugendlichkeit und blühendes Aussehen sind für sein Selbstbewusstsein von zentralster Bedeutung. Der Körper ist für den Narzissten Schauobjekt ersten Ranges. Zeigt dieser Schwächen und Schäden oder ist er von einer Traumatisierung betroffen, stellt dies für den Narzissten einen Angriff auf den Kern des Ich dar – etwas Unerträgliches.

Der Narzisst, welcher höchsten Wert auf perfektes Funktionieren und tadelloses Aussehen legt, wird deswegen seinen Körper hegen und pflegen, er wird alles tun, um schlank und fit zu bleiben. Er wird also achtsam, vorsichtig und ängstlich auf alles Körperliche blicken. Und darin liegt wieder einmal die andere Seite des Narzissmus, die selbstlimitierende Begrenzung des narzisstischen Hochs: Der Narzisst wird immer empfindlicher und ängstlicher werden, er wird geradezu zwanghaft auf etwaige Probleme lauern und zuletzt eine hypochondrische Haltung annehmen. Psychosomatische Ängste und Leiden sind der Preis, welchen er für sein außerordentliches Körpergefühl bezahlt.

Folterwerkzeuge des Narzissten oder Mobbing, Stalking, Querulieren, Anonymschreiben

Der Narzisst bedient sich, um seine Lebensform durchzusetzen, verschiedener psychischer Techniken. Diese umfassen das ganze Arsenal des Mobbings wie ständiges Kritisieren, Drohen, Kontaktverweigerung, Abwertung, Lächerlichmachen oder Zuteilen von sinnlosen Arbeiten, reichen aber weit darüber hinaus. Dem Narzissten geht es ja nicht nur um Entwerten anderer, sondern um Selbstdarstellung und Selbsterhöhung. Die dazu verwendeten Methoden muss er aber gar nicht erlernen. Sie sind ihm angeboren wie die Instinkte. Neben abweisender Arroganz, bewusst zum Ausdruck gebrachtem Geringschätzen und ständigem Entwerten gehören der gezielte Einsatz des Schweigens, ferner Mobbing, Stalking und Querulanz dazu. Eine ganz besondere Spezialität, welche in Zeiten des Internets rasant an Bedeutung gewinnt, ist die Anonymographie, das anonyme Schreiben von Briefen, E-Mails und Postings.

Obwohl der Narzisst gerne von sich spricht, ist er ein Meister im manipulativen **Schweigen**. Er redet nicht, wenn er verletzt ist und seine Gekränktheit demonstrieren will. Er schweigt aber auch aus Stolz und Arroganz, weil ihm die anderen kein Wort wert sind. Er spürt, welch ungemeine psychodynamische und emotionale Kraft vom Schweigen ausgeht. Da es für jeden Menschen schwer ist, seine Worte zurückzuhalten, seine Äußerungen zu kontrollieren oder nichts zu sagen, gilt das willentliche Unterdrücken des Rededrangs als Tugend. Psychotherapeutische Schulen bieten Schweigeübungen und -seminare an, zu einer „Woche des Schweigens“ können wir uns in Klöster zurückziehen. Besonders strenge Orden verlangen neben Keuschheit, Armut und Gehorsam noch den Verzicht auf das Sprechen. Schweigen bedeutet Rückzug, innere Sammlung, Konzentration auf etwas Wesentliches – oder Gekränktheit.

Narzisstische Menschen instrumentalisieren ihr Schweigen aber keinesfalls im löblichen Sinn, sondern setzen es als Defensiv- und Offensivwaffe ein. Durch keine andere Emotion kann die eigene Empfindlichkeit und Verletztheit so nachhaltig zum Ausdruck gebracht werden wie durch Schweigen. Wenn man damit seine Betroffenheit signalisieren will, zelebriert man im Prinzip einen sogenannten Primitivreflex, den Mutismus. Bei schwersten Traumatisierungen, etwa durch Erdbeben, Brandkatastrophen oder Gräueltaten, werden manche Opfer von einem Totstellreflex übermannt, der in anhaltendes Stummsein übergeht. Das demonstrativ vorgeführte Schweigen heißt somit: „Ich bin durch deine Äußerungen in extremster Form verletzt worden." Und dazu braucht es beim Narzissten ja nicht allzu viel.

Schweigen drückt aber auch Verachtung aus: „Deine Äußerungen und Fragen nehme ich gar nicht zur Kenntnis, deine Meinung interessiert mich nicht, mit dir rede ich nicht, du bist mir kein Wort wert."

Mit Schweigen wird die Überheblichkeit zum Ausdruck gebracht. Nichts zu sagen und auf Fragende nicht einzugehen ist ein wesentliches Element der Arroganz. Bei feierlichen Zeremonien, erhebenden Festakten und in Anwesenheit hochgestellter Persönlichkeiten haben wir ebenso ehrfürchtig zu schweigen wie in Sakralräumen oder vor Gräbern. Verehrung und Bewunderung durch Schweigen fordert auch der Narzisst ein.

Mit Schweigen kann man in anderen Menschen sehr viel auslösen: Gefühle des schlechten Gewissens, der Schuld, der Demut, des Nichts-wert-Seins. Der Angeschwiegene beginnt zu überlegen, was im Schweiger vorgeht, was hinter dessen Schweigen steht, was er mit dem Nicht-Sprechen zum Ausdruck bringen und bewirken will. Soll ich etwa gar verschwiegen werden? Durch

Schweigen wird oft eine Fantasiekette ausgelöst, welche nicht mehr zu zügeln und korrigieren ist. Es scheint kein Zufall, dass die großen Verbrechen von Einzeltätern geplant worden sind, welche oft jahrelang mit niemandem gesprochen haben. Die im Schweigen entwickelten Fantasien haben durch die Ohnmachtgefühle eine verhängnisvolle emotionale Brisanz erhalten.

Wäre es zu einem der schlimmsten Verbrechen der jüngeren Zeit, dem Attentat des Anders Breivik vom 22. Juli 2011, ohne das langjährige Schweigen des späteren Täters gekommen? Breivik tötete zunächst in Oslo durch die Explosion einer selbst hergestellten Bombe 8 Menschen, ehe er zu der 30 Kilometer nordwestlich gelegenen Insel Utøya fuhr. Dort ermordete er, als Polizist verkleidet, innerhalb von 75 Minuten 69 Personen, vornehmlich Kinder und Jugendliche, die an einem alljährlichen Zeltlager teilnahmen. Über den psychischen Zustand Breiviks wurde bis zuletzt spekuliert. Tatsache ist, dass sich der narzisstische Sonderling von der Gesellschaft zurückgezogen und in seiner Einsamkeit immer extremere Fantasien entwickelt hatte. Wie auch andere große Attentäter, etwa der Unabomber Ted Kaczynski oder der Batman-Terrorist James Holmes, hatte er sich in seine Verfolgungs- und Größenfantasien verstiegen. Die Gutachter stritten bis zuletzt über die Frage, ob er nur fanatisch oder bereits psychotisch gewesen sei. In zwei Punkten waren sie sich aber völlig einig: Es wäre nicht so weit gekommen, wenn er mit jemandem gesprochen hätte – und er litt an schwerem Narzissmus.

Die Paradedisziplin schlechthin ist für den Narzissten das **Mobbing**. Darin ist er, vor allem bei bösartiger Ausprägung, ein geborener Meister. Wenn unter Mobbing das ständige Schikanieren, Quälen und seelische Verletzen von Mitmenschen verstanden wird, kommt dieses der dem Narzissmus innewohnenden Entwertung hochgradig entgegen. Um sich selbst zu erhöhen, wird der Narzisst andere Menschen niedermachen, kränken und entwürdigen. Durch Verweigerung von Gesprächen, Vorenthalten von Informationen und Entzug des emotionalen Kontaktes werden ungleiche Machtverhältnisse untermauert, was die überlegene Position des Narzissten festigt.

Das Mobbing des Narzissten ist mehr als ein einzelnes Vorkommnis, mehr als eine singuläre Entgleisung. Vielmehr ist es ein durchgehender, permanenter Psychoterror, welcher bei den Opfern Selbstwertzweifel, Depressivität und Gefühle der Hilflosigkeit hervorruft. In großen Untersuchungen in Deutschland gaben 2,7 Prozent der Berufstätigen an, von schwerem Mobbing betroffen zu sein. Die Täter waren in 44 Prozent die Kollegen, in 37 Prozent Vorgesetzte, in 10 Prozent Kollegen und Vorgesetzte gemeinsam und in 9 Prozent Untergebene (Focus Online Ursachenforschung).

Die Täter weisen fast immer eine narzisstische Störung auf. Sie werden zu Mobbern, um ihr schwaches Selbstvertrauen zu kompensieren, und benutzen die Opfer als Blitzableiter, als schwarze Schafe, als Projektionsfläche für die eigenen Versagensgefühle, besonders aber zur Selbsterhöhung.

Gerade beim Mobbing zeigt sich das narzisstische Zusammenspiel zwischen Verhalten des Agitators und jenem der Opfer. Während der Narzisst rücksichtslos und entwertend vorgeht, handelt es sich bei den Opfern um ängstliche, unterwürfige und konfliktscheue Individuen, die ebenfalls unter Minderwertigkeitskonflikten leiden, diese aber nicht auf andere projizieren. Die privaten, familiären und beruflichen Auswirkungen von Mobbing sind verheerend. Laut Mobbing-Report gehören Unausgeglichenheit (23,7 Prozent), soziale Isolation (29,6 Prozent), Streit in der Familie und Partnerschaft (19,7 Prozent), allgemeine Belastung (16,6 Prozent), finanzielle Probleme (15,4 Prozent), Antriebslosigkeit (13,9 Prozent), Aggressivität (9,36 Prozent), Überschattung des Privatlebens (9,6 Prozent) und Depression (9,3 Prozent) zu den häufigsten Folgen. Neben einem Verlust der Lebensqualität treten häufig gesundheitliche Schäden ein, die manchmal bis zur Berufsunfähigkeit führen.

Gerade am Beispiel des Mobbings zeigt sich, welch schwerwiegende Auswirkungen narzisstisches Agieren haben kann und wie gravierend die Folgen dieser Fehlhaltung für die Mitmenschen sind. Wenn wir uns vor Augen halten, welch enormer Schaden in diesen offiziell gewordenen, statistisch fassbaren Mobbing-Folgen liegt, können wir nur erahnen, was das Mobben im Kleinen, im alltäglichen Zusammenleben anrichtet. Der narzisstischen Ausrichtung unserer Gesellschaft Rechnung tragend, wird im Internet um die „besten Mobbing-Sprüche" geeifert, welche sich durch Arroganz, Zynismus und Menschenverachtung auszeichnen. Die Poster verkennen aber, wie sehr sie sich dadurch selbst bloßstellen. Ihre Äußerungen sind ein scharfes (Selbst-) Spiegelbild, nicht von den verschmähten Personen, sondern von der eigenen.

Es liegt auf der Hand: Dem Mobbing liegen destruktiv-narzisstische Kräfte zugrunde. Die Egozentrizität ist weniger vordergründig, die Unfähigkeit zum Einfühlen und zum Mitleiden hingegen fatal. Der Sadismus ist hier stärker ausgeprägt als die eigene Empfindlichkeit.

Ein anderes narzisstisches Folterwerkzeug ist das **Stalking**, das zwischenzeitlich strafbar gewordene hartnäckige Verfolgen anderer Personen. Der Stalker kann mit seinem Selbstwertgefühl nicht vereinen, von jemandem zurückgewiesen zu werden, den er in Besitz nehmen wollte. Dies bedeutet eine tiefe Kränkung, eine Entwertung seiner Person, einen verheerenden Angriff auf sein Ich. Die Unerträglichkeit dieses Zustandes kann nur durch das totale Besitzen und Beherrschen der zurückweisenden Person beendet werden. Der Stalker, ganz Egozentriker, nimmt die Bedürfnisse des anderen nicht zur Kenntnis, nicht einmal seine Rechte. Er setzt seine eigenen Wünsche rücksichtslos durch. Er ruft die zurückweisende Person immer an, bettelt und droht, lauert ihr auf, schreibt unzählige SMS, passt sie schon in der Früh beim Verlassen des Hauses ab und wartet stundenlang vor dem Arbeitsplatz. Ausgestattet mit dem jedem Narzissten eigenen Empathiemangel, kann er in keiner Weise erfassen, wie sehr er durch sein Stalken andere unter Druck setzt, ängstigt und in ihrer Lebensqualität beeinträchtigt. Dies ist ihm völlig gleichgültig, entscheidend ist ausschließlich seine eigene Verletztheit. Ja er nimmt die Qual der ihn so tief kränkenden Person mit sadistischer Genugtuung zur Kenntnis, er übt jetzt endlich wieder das aus, was er so notwendig braucht: Macht.

Stalking ist also eine spezielle narzisstische Kränkungsreaktion zurückgewiesener Menschen. Enttäuschte Liebeserwartungen können mehr als alles andere das volle narzisstische Störungsspektrum auslösen.

Nirgendwo tritt der Narzissmus in derart offen-aggressiver, penetranter und belästigender Form zutage wie im **Querulantentum**. Auf den ersten Blick mag überraschen, dass Querulieren mit chronischer Streitlust und Prozesswut in Verbindung gebracht wird. Bei näherem Hinschauen zeigen sich aber die vier wesentlichen Elemente des Narzissmus – Egozentrizität, Empfindlichkeit, Empathiemangel und Entwertung – bei den Querulanten in geradezu klassischer Form.

Im Vordergrund steht bei ihnen das Element der Gekränktheit. Der Querulant, von höchster Empfindlichkeit und Eigenbezogenheit, sieht sich durch Kleinigkeiten in seinem Stolz verletzt, in seiner Ehre befleckt und in seinen Rechten betrogen. Seine Bedürfnisse sind die allein maßgebenden, seine Gefühle die einzig entscheidenden und seine Beurteilungen die allein richtigen. Jede leise Kritik, jede Unausgewogenheit und jede Verletzung seines Gerechtigkeitssinnes lösen Empörung, Wut und unversöhnliche Rachegefühle aus. Er erträgt es nicht, dass jemand es nur überhaupt wagt, eine andere Meinung zu haben, ihn zurückzuweisen oder jemand anderen zu bevorzugen. In diesen Punkten reagiert der Querulant allergisch, seine Reaktionen sind weit überzogen und stehen in keinem Verhältnis mit dem Auslöser. Oft ist dem Querulanten tatsächlich ein kleines Unrecht passiert oder eine Benachteiligung widerfahren. Er kann diese Dinge aber nicht auf sich beruhen lassen oder einen konstruktiv-pragmatischen Lösungsansatz – „kann passieren, Schwamm drüber“ – akzeptieren. Verständnis für den Standpunkt des anderen ist ihm wegen des narzisstischen Empathiemangels nicht möglich. Selbstreflexion und Relativierung der eigenen Meinung kommen nicht infrage. Der Querulant reagiert schablonenhaft mit nicht zu besänftigendem Groll, mit aufgestachelter Wut, manchmal sogar mit tödlichem Hass.

Eigentlich wäre die Querulanz ja die Zuspitzung einer Tugend, des hohen Rechtsbewusstseins. Der Betroffene erlebt aber das Nicht-Rechthaben als Angriff auf den Kern seines Ich, als unerträgliches Infragestellen seines Selbstverständnisses, als blasphemische Entwürdigung seiner eigenen Großartigkeit. Dies verletzt sein empfindliches Gemüt zutiefst und prägt sich unauslöschlich in sein auf Genugtuung sinnendes Gedächtnis ein. Ein Narzisst vergisst keine Kränkung, ein Querulant gelangt nie zur Versöhnung.

Ein derartig fanatisches Ausleben des Hasses, wie es bei Querulanten gesehen wird, ist nur bei weitgehendem Empathiemangel möglich. Den Querulanten interessiert nicht im Geringsten, wie sehr er andere belastet und welche Angst er bei diesen auslöst. Im Gegenteil, er steigert sich nach jedem Gesprächsversuch noch tiefer in seine Dauerwut hinein. Wohlmeinende Helfer, die sich seiner Sichtweise nicht zu hundert Prozent anschließen, werden zu Todfeinden, und Ratgeber, welche zur Versöhnung aufrufen, reihen sich in die Zahl der Feinde ein.

Die Entwertung als viertes Element des Narzissmus fällt beim Querulanten besonders drastisch aus. Der Querulant macht bald keinen Unterschied mehr zwischen seinen ursprünglichen Gegnern und jenen, die später seine Meinung nicht teilen. Hinter allen sieht er verachtenswerte, bösartige Individuen und rücksichtslose Feinde. Er beschimpft, verleumdet und verklagt sie, in manchen Fällen werden sie tätlich attackiert, manchmal sogar getötet.

Der anhaltende Hass, der den Querulanten zu Dutzenden von Anzeigen, Klagen und Prozessen treibt, beweist, wie tief die

Selbstwertzweifel dieser Personen sind, wie grundlegend sie erschüttert werden und welche enormen Gegenreaktionen eine Kränkung auslösen kann.

* * *

Der **Anonymschreiber** oder **Anonymograph** ist der Prototyp des entwertenden Narzissten. Bei keiner anderen Form des Narzissmus zeigen sich die zugrunde liegenden Minderwertigkeitsgefühle und Selbstwertzweifel in so klarer Weise. Der Anonymschreiber traut sich nicht, offen zu seiner Meinung zu stehen und seine Kritik ehrlich vorzubringen. Er versteckt sich hinter der Maske einer Scheinperson, eines Nicknamens, eines Untergrund-Postings oder eines falschen Absenders. Schon der Schweizer Psychiater Hans Binder, der die erste wissenschaftliche Untersuchung über Anonymographen durchgeführt hat, beschreibt diese als *„Personen, die in irgendeinem Punkt schwach sind"*. Ganz im Gegensatz zu ihren aggressiv-bösartigen Postings, zu ihren zynisch-entwertenden Kommentaren und zu ihren oft hasserfüllten Tiraden sind sie selbst verunsicherte, ängstliche, chronisch gekränkte Individuen, die sich nicht anders wehren können. Der große Mut, der sich in den Sprüchen des Anonymschreibers offenbart, steht in reziprokem Gegensatz zur Jämmerlichkeit seiner Persönlichkeit. Anonymschreiben ist mit einem Wort die „feige Form des Narzissmus".

Die Möglichkeit, sich über das Internet der ganzen Welt zu präsentieren und seine großartige Meinung unzähligen Personen kundzutun, stärkt die narzisstischen Bedürfnisse. Die Frage, inwiefern er andere beleidigt, entblößt, verleumdet und kränkt, stellt sich dem Anonymschreiber, welcher ja kaum Einfühlungsfähigkeit hat, überhaupt nicht. Die Cybermobber nehmen offenbar ohne Gewissen in Kauf, dass sie durch ihre sadistisch-anonymen Agitationen andere Menschen in den Tod treiben.

Ein 14-jähriger Junge war in der Nacht aus seinem Elternhaus verschwunden. Er musste sein ebenerdig gelegenes Zimmer ohne Nachricht durch das Fenster verlassen haben. Er galt bis dahin als unauffällig, war ein guter Schüler und schien sozial bestens integriert. Wie alle seine Kollegen bewegte er sich viel im Internet. Sein Leichnam wurde noch in derselben Nacht gefunden, er hatte sich vor einen Zug geworfen. Die Eltern versuchten mit allen Mitteln, Hintergründe und Motive dieses unbegreiflichen Suizids zu erfahren. Als sie in die ihnen bis dahin völlig unbekannte virtuelle Welt ihres Sohnes eindrangen und dessen E-Mails und Facebook-Kontakte lesen konnten, wurden sie fündig. Der Junge war im Internet auf übelste Weise als Versager und sexueller Perversling beschimpft worden. Dies hatte er nicht ertragen, mit seiner so beschmutzten virtuellen Identität konnte er nicht mehr leben.

Aus den Untersuchungen an identifizierten, strafrechtlich zur Verantwortung gezogenen Anonymschreibern weiß man einiges über die Persönlichkeitsstruktur des klassischen anonymen Posters: Es handelt sich um Ich-schwache, selbstunsichere, unter Gefühlen der Bedeutungslosigkeit und innerer Leere leidende Individuen, die ihr ganzes inneres Elend, ihre tiefe Frustration in Anonymschreiben ausleben. Und die Wichtigkeit und Sensation in ihr langweiliges Dasein bringen wollen.

In einem Internetforum gerieten zwei Poster aneinander. Der eine agierte zunehmend aggressiver, der andere wehrte sich mit immer bösartigeren Unterstellungen: Die Schimpfworte wurden drastischer, die Beleidigungen unsäglich, die gegenseitigen Bedrohungen furchterregend. Der eine schien extrem arrogant, selbstherrlich und offen aggressiv, der andere eher unterwürfig, aber von sadistischem Gedankengut und enormen Rachebedürfnissen beseelt. Da die Situation eskalierte, wurden die Adressen nach einer Anzeige geöffnet und die beiden Übeltäter identifiziert: Es handelte sich um ein und dieselbe Person.

Nebenwirkungen und Folgen oder Frust, Depression, Vereinsamung, Suizid

„Wie begeht ein Narzisst Selbstmord? – Indem er auf sein Ego klettert und hinabstürzt“, lautet ein in Buenos Aires, der Stadt mit der höchsten Psychiaterdichte der Welt, verbreitetes Scherzwort. Obwohl sich Suizide mit all ihrem Leid und den dramatischen Folgen nicht für Ironie und Spott eignen, sagt der kleine Witz viel über das Wesen des Narzissmus und das mögliche Ende des Narzissten aus: Sein Selbstwertgefühl ist hoch, zu hoch, lange Zeit schützt es den Narzissten vor Irritation, Zweifel und Angriffen. Er ist unerreichbar, abgesichert, fest gemauert. Wenn es aber zum Zusammenbruch kommt, sind die Folgen fatal, manchmal tödlich. Die grandiose Burg, in welcher sich der Narzisst eingemauert hat, hält allen Angriffen stand, bietet dem schwachen Ich Schutz und leistet Trotz gegen alle Anfeindungen. Der Sturz des Narzissten kommt spät, dann aber jäh und grausam.

Narzissmus hat viele Folgen, solche für die eigene Person und solche für die Umgebung. Oft für beide zusammen.

Betrachten wir den Narzissmus zunächst als psychischen **Kompensationsversuch** gegen innere Selbstwertzweifel und dahinter versteckte Minderwertigkeitsgefühle. Wenn die Möglichkeiten des „Selbstschutzes“ und der Selbstrettung durch narzisstisches Agieren aus irgendwelchen Gründen nicht mehr zur Verfügung stehen, wird das schwache nackte Selbst, das minderwertige Ich übrig bleiben. Der Narzisst ist dann das, was er tatsächlich ist: ein ängstliches, von Minderwertigkeitsgefühlen geplagtes Individuum, das keinen Panzer mehr hat. In seiner ganzen Jämmerlichkeit ist dieses dem Leben mit all seinen Widrigkeiten ausgeliefert und hat keinerlei Chance, damit fertig zu werden. Keine erfreuliche Situation. Übrig bleiben Gefühle der Sinnlosigkeit und Leere. Der entblößte Narzisst wird mit Verzweiflung, Angst und Depression reagieren.

Die **Depression** ist die Kehrseite der eigenen Grandiosität. Obwohl sie in vielen Punkten das genaue Gegenteil von Selbstverliebtheit und übersteigertem Selbstwertgefühl ist, ja geradezu zum Selbstverlust führt, weist sie auch viele Gemeinsamkeiten mit dem Narzissmus auf: Das Selbst ist in beiden Fällen verfälscht, entweder unkritisch-euphorisch erhöht oder voller Zweifel und Selbstentwertung. Bei beiden Störungen sind die Gefühle nicht echt, können weder gegeben noch angenommen werden und entbehren des emotionalen Tiefgangs. Sowohl der Depressive als auch der Narzisst haben keine wirkliche Selbstachtung, beide sind unfähig für echtes Gefühlsempfinden, beide sind anfällig für negative Emotionen wie Scham und Schuld.

Sowohl der narzisstische als auch der depressive Mensch leiden unter der permanenten Angst, nicht genügend anerkannt und geliebt zu sein. Beide sind ruhelos und getrieben und beide neigen zu Aggressionen: der Narzisst zu Gewalttätigkeit gegenüber anderen, der Depressive gegen sich selbst. Alice Miller schreibt dazu: *„Der grandiose Mensch ist nie wirklich frei, weil er ständig von der Bewunderung anderer abhängig ist und weil diese Bewunderung an Eigenschaften, Funktionen und Leistungen gebunden ist, die plötzlich zusammenbrechen können"*.

In der Depression fühlt sich der Kranke wertlos, unfähig, krank, schuldig und verlassen. Die Depression als die Krankheit der „Losigkeit" ist das Gegenteil des narzisstischen Hochgefühls. Während sich der Narzisst einzigartig, überlegen, elitär und großartig findet, ist – um ein Wortspiel zu verwenden – mit dem Depressiven nur noch das los, was auf „-los" endet: Er ist antriebs-, motivations-, freud-, gefühl-, ideen-, zukunfts-, schlaf-, hoffnungslos.

Depressionen, ohnehin zu den schmerzhaftesten und bedrückendsten Krankheiten gehörend, werden vom Narzissten besonders schwer ertragen. Er ist im Prinzip ja schwach und verletzlich, er hält das Negative nicht aus, er verfügt über keine Bewältigungsstrategien mehr.

* * *

Narzissmus limitiert sich meist selbst. Jene Charakterzüge und Eigenschaften, die den Narzissten in seine einzigartigen Höhen emporgeführt haben, werden ihm zum Verhängnis. Zugespitzter Egoismus verhindert Solidarität mit anderen, übertriebene Selbstsucht ist Gift für jede Gemeinschaft. Wenn er andere Menschen stets entwertet, wird er irgendwann einmal niemanden mehr um sich haben, vor allem keine Bewunderer. So wird sich der Narzisst allmählich selbst ausschließen und isolieren. Stellt der Narzisst seinen Körper und sein Äußeres in den Mittelpunkt, läuft er Gefahr, psychosomatisch krank zu werden und am Alter zu zerbrechen. Seine Arroganz und Überheblichkeit lassen ihn unvorsichtig werden, sodass ihm entscheidende Fehler passieren: Der Künstler, der die Notwendigkeit ständigen Übens nicht mehr akzeptiert. Der leistungsbezogene Karrierist, welcher die Kraft seines Herzens überschätzt. Der gekränkte Ehemann, welcher die Grenzen der Leidensfähigkeit seiner Frau übersieht. Der Serienkiller, der sich an den mangelnden Fahndungserfolgen der Polizei ergötzt.

Am eindrucksvollsten werden die Gefahren des Hochmuts, des narzisstischen Höhenrausches, aber im Mythos der antiken Künstler Dädalus und Ikarus dargestellt:

Dädalus, ein Nachfahre des Schmiedegottes Hephaistos, war der berühmteste Erfinder des Altertums. Als er – ganz Narzisst – feststellen musste, dass sein zwölfjähriger Lehrling noch geschickter und begabter war, stieß er ihn aus Neid in den Abgrund. Wegen des Mordes musste er seine Heimatstadt Athen verlassen und floh mit seinem Sohn Ikarus nach Kreta. Dort erbaute er für den König Minos das berühmte Labyrinth, in welchem später das

Ungeheuer Minotaurus eingesperrt war. Weil Dädalus dem fahrenden Helden Theseus half, den Minotaurus zu überlisten, ließ ihn der erzürnte König mit seinem Sohn festnehmen und verbot ihnen, die Insel zu verlassen. Die findigen Gefangenen bauten sich aber Flügel, um damit über das Meer zu fliegen. Vor der Flucht schärfte Dädalus seinem Sohn ein, ja nicht zu tief oder zu hoch zu fliegen. Sowohl aus der Durchnässung der Flügel als auch dem Schmelzen des Wachses, mit welchem die Federn befestigt waren, könnten tödliche Gefahren resultieren. Als die beiden über dem offenen Meer dahinflogen, wurde Ikarus durch das Schweben in Himmelshöhen von unbändiger Lust, einem beglückenden Taumel, von Höhenrausch erfasst. Höher und höher stieg er hinauf, er wollte zum Firmament. Den Rat seines Vaters vergessend, kam er der Sonne zu nahe. Das Wachs wurde weicher, das Fluggerät löste sich auf. Ikarus stürzte ins Meer und ertrank.

* * *

Unter narzisstischen Störungen leiden auch die Mitmenschen, manchmal in erheblichem Ausmaß. Anfängliche Bewunderung und Unterordnung schlagen im Lauf der Zeit in Enttäuschung, Frustration und Widerwillen, oft sogar in Abscheu um.

Weil Narzissten so sehr mit sich, ihrer Innenwelt und ihren Ängsten beschäftigt sind, verkümmert die Beziehungsfähigkeit zu anderen, besonders auf emotionalem Gebiet. Da er den Großteil seiner Gefühle auf seine eigene Person, auf das Ich und seine Welt zentriert, hat er nicht mehr genügend Kapazitäten für emotionale Beziehungen zu anderen. Der Fokus auf das Selbst verhindert jegliches Hineinfühlen in andere. Die Gefühlsenergie, welche das schwache Selbst für sich benötigt, fehlt in der mitmenschlichen Kommunikation. Man spricht dann von fehlender „emotionaler Intelligenz“ oder „emotionalem Analphabetismus“.

Für niemanden ist es einfach, die endlosen Eigeninszenierungen des Narzissten, dessen Selbstdarstellung auf Dauer zu ertragen, diesen ständig zu bewundern, seine Intelligenz und Redegewandtheit, sein Wissen und seine Wichtigkeit zu bestaunen und sein Spiel mit dem gezielten Einsatz des Charmes mitzumachen. Keiner hält auf Dauer die Aura des Narzissten aus. Niemand will sich ständig unterordnen, kein Mensch lässt sich ewig entwerten. So schlägt die anfängliche Faszination in Ernüchterung um und führt zur Distanzierung der Umgebung. Jetzt hebt sich nicht mehr er von den anderen ab, sondern diese gehen ihm aus dem Weg, niemand will mit ihm noch zu tun haben. Die Mitmenschen fühlen sich erdrückt, sie finden neben einem Narzissten keinen Raum zur eigenen Entfaltung. Wer ist schon mit einer Statistenrolle, mit der Funktion des chronischen Applaudierers oder des bewundernden Dauerpublikums zufrieden?

Manchmal resignieren die Angehörigen, sie werden unzufrieden, verzweifelt oder selbst krank.

„Ich kann nicht mehr", brach es aus der aparten Frau hervor. Sie leide unter schweren Verkrampfungen des ganzen Körpers, einem schmerzhaften Zusammenziehen von Händen und Beinen, unter Migräne und Bandscheibenproblemen. Die ganze diagnostische Tour, welche sie durch Röntgenapparate, Computertomographen, medizinische Labors, Kranken- und Kurhäuser gemacht habe, hätte weder eine klare Diagnose noch einen therapeutischen Erfolg gebracht. So habe man sie, weil sonst nichts mehr infrage komme, zum Psychiater geschickt. Die Frau war sichtlich bedrückt, erschöpft und resigniert, versicherte aber ständig, sie sei psychisch gesund, habe keine Sorgen, lebe in besten partnerschaftlichen Verhältnissen und führe eine glückliche Ehe. Dies betonte sie wiederholt. Im Lauf der Gespräche kam sie auf ihren Mann zu sprechen: „Eine starke Persönlichkeit, beruflich tüchtig, um die Familie besorgt – und gesundheitlich seit Jahrzehnten angeschlagen." Bald ging es bei den Therapiegesprächen nicht mehr

um die eigenen Beschwerden, sondern nur noch um jene des Mannes. Keinen Tag habe sie in den vielen Jahren erlebt, an welchem er nicht verschnupft, verkühlt, von Viren und Bakterien heimgesucht, von einer verschleppten Grippe nicht losgelassen, von Knochenabnützungen und Muskelrissen geplagt worden sei. Dies habe sie schwer bedrückt, sie habe sein Leid fast nicht mehr ertragen können, sie lebe in ständiger Sorge um seine Gesundheit.
Als der Mann der Einladung zum gemeinsamen Gespräch Folge geleistet hatte, bestätigte sich der Verdacht: Es handelte sich um einen ausnehmend schweren, vollkommen auf seinen Körper fixierten Narzissten, der mit seinen übertriebenen Sorgen und ständigen Leiden seine Gattin geradezu terrorisiert hatte. In ihrer Unterwürfigkeit und Bewunderung hatte die Frau nicht im Entferntesten daran gedacht, dass ihre körperlichen Leiden etwas mit den seinen zu tun haben könnten und dass sie gleichsam dessen Beschwerden übernommen hatte.

Die Umgebung zieht sich im Lauf der Jahre vom Narzissten zurück, die Kontakte werden mehr und mehr vermieden. Die ehemaligen Fans begeben sich – wie dies Volker Faust ausdrückt – auf „ironische Distanz“, das heißt, sie erkennen die Lächerlichkeit des Narzissmus und die Armseligkeit der narzisstischen Dramaturgien. In vielen Fällen mündet die Autonomisierung der Umgebung, ohne die der Narzisst nichts ist, in eine „sarkastische Ausgrenzung“, oft in Vermeidung und Flucht, oft in Ironie, Zynismus und Resignation, nicht selten in Spott und Hohn.

Dies trifft den Narzissten hart, so schwer wie den Heroinsüchtigen der Entzug. Er muss erkennen, dass er ohne Umgebung nichts ist und allein mit der Gewöhnlichkeit nicht fertig wird. Er gerät in eine negative Spirale, in eine von Zweifel und Angst ausgestattete Sackgasse, in einen freudlos-verzweifelten Zustand, in dem es sich nicht mehr zu leben lohnt.

* * *

Narzissmus und Suizid sind ein besonderes Thema. Narzissten sind auf der einen Seite durch ihre Eigenliebe, ihre hohe Selbsteinschätzung, ihre Durchsetzungsfähigkeit und Lebenstüchtigkeit vor Suizid geschützt. Lange Zeit prallen alle Belastungen, die andere Menschen in Krisen stürzen würden, an ihrem narzisstischen Panzer ab. Nichts kann sie irritieren, nichts aus der Fassung bringen, nichts in Verzweiflung stürzen. Selbst der Gedanke, in seiner Großartigkeit von irgendjemandem – und sei es die eigene Hand – angegriffen zu werden, ist unerträglich.

Andererseits ist der Narzisst besonders suizidgefährdet. Er ist, worauf schon wiederholt hingewiesen wurde, eigentlich ein schwacher, verletzlicher Mensch, ein innerlich hilfloses Wesen, welches abseits der narzisstischen Großartigkeit leicht in Verzweiflung und Depression stürzt.

Hinter den chronischen Entwertungen des Narzissten stehen erhebliche Aggressionen, die sich bei suizidalen Menschen immer gegen die eigene Person richten können. Die Fantasien von eigener Großartigkeit und grenzenlosem Erfolg schlagen in solche von Untergang und Zerstörung um. Durch den Rückzug der Bewunderer und Vasallen wird er isoliert und einsam, es wird eng für ihn. Und Hilfe kann er, der starke und fehlerlose Held, ja kaum annehmen. Wenn der Narzisst das Gefühl hat, von niemandem geliebt, von niemandem verstanden, von niemandem unterstützt zu sein, wird es gefährlich. Oft kommt in ihm dann das Gefühl auf: „Die Welt ist meiner nicht würdig, ich bin zu gut für diese ignorante Menschheit."

Damit sind alle Kriterien des sogenannten „Präsuizidalen Syndroms" erfüllt, also jenes Zustandes, den man bei Menschen in der Zeit vor der Selbsttötung beobachten kann: Einengung auf die eigene Person, erhöhte (Selbst-)Aggressivität und negative Fantasien.

Situationen, die zum narzisstischen Zusammenbruch, ja zum Selbstmord führen können, sind folgende: Tod von engen Bezugspersonen, Schulden, überhandnehmende Sucht, Zusammenbrechen des Lügennetzes, Alter, körperliche Verletzungen, Krankheit und – man höre und staune – auch Erfolge. Schon mancher Künstler hat sich nach Abschluss eines großen Werkes das Leben genommen, offensichtlich, weil er schon länger sehr depressiv war, dies aber bis zum Zielpunkt aufschieben konnte. Vielleicht auch, weil die nicht erreichte Perfektion der Arbeit eine unüberwindbare Kränkung darstellte.

Wenn der Absturz unerwartet kommt, wenn keine Hilfe verfügbar ist, wenn die Situation aussichtslos wird, dann besteht höchste Suizidgefahr. Versagen, Schuld und Scham verzeiht sich der Narzisst nicht.

Das „suizidale Dilemma" zwischen dem Gefühl eigener Unverletzlichkeit und verzweifelter Hilflosigkeit hat ein Narzisst, welcher in Untersuchungshaft genommen wurde, auf den Punkt gebracht: „Am liebsten würde ich mich umbringen, wenn ich mir dabei nicht wehtun würde."

Herr und Frau Narziss lieben und hassen sich oder Die narzisstische Beziehungshölle

Carla erwachte am siebten Morgen ihrer Hochzeitsreise mit Christopher. Sie hatte ihren Gatten erst 18 Monate zuvor kennengelernt, bei der Rast auf einer Berghütte. Sie war mit dem allein an einem Nebentisch sitzenden sportlichen Mann, der ihr irgendwie verloren schien, ins Gespräch gekommen, war beeindruckt von dessen alpinen Kenntnissen und Erzählungen über alle seine Touren, über zahlreiche schwierige Klettersteige und Gipfelsiege. Sie staunte, was sich hinter der auf den ersten Blick abweisend wirkenden Person verbarg, bemerkte eine zunehmende Bewunderung für den absolut sicher wirkenden Mann und ertappte sich dabei, wie sie sich von seinem ausschließlichen Interesse für ihre Person geschmeichelt fühlte. Auf dem gemeinsamen Weg ins Tal entwickelte sich aus der flüchtigen Begegnung eine Bekanntschaft, die in der Folge in Freundschaft überging.

Obwohl Carla sehr in Christopher verliebt war, fühlte sie sich manchmal durch sein Verhalten irritiert. Nicht ihr gegenüber, aber im Umgang mit Bekannten und in seinem Beruf. Er war Personalchef einer mittelgroßen Reinigungsfirma und zeigte sich in seiner beruflichen Funktion von einer harten, oft rücksichtslosen Seite. In ihrer Verliebtheit sah sie darüber hinweg, mit welcher Menschenverachtung er oft über die ihm unterstellten Mitarbeiter sprach und mit welcher Härte er gegen die Raumpflegerinnen vorging. Dieser diametrale Gegensatz zwischen dem zuvorkommenden, netten und rücksichtsvollen Umgang mit ihrer

Person und dem kalt-dominanten Wesen in seinem Berufsleben fiel ihr erst im Nachhinein auf.

An diesem siebten Morgen der Hochzeitsreise sprach Christopher kein Wort. Sie dachte zunächst, er sei schlecht ausgeschlafen, fühle sich an diesem Tag nicht wohl oder kämpfe mit irgendeinem nachhängenden beruflichen Problem. Alle Versuche, mit ihm ins Gespräch zu kommen, misslangen. Wenn überhaupt, antwortete er nur äußerst knapp, zog sich sofort zurück, zeigte eine uninteressierte, abweisende Miene und wurde von sich aus nicht ein einziges Mal aktiv. Auf ihre vorsichtigen Fragen, was ihm fehle, ob ihn etwas bedrücke und ob er sich nicht gut fühle, antwortete er nicht oder mit dem knappen Wort „nichts". Sie fragte laut, ob sie denn etwas falsch gemacht habe und ob er ihretwegen so reagiere. Auch darauf bekam sie keine Antwort. Am Vortag, so überlegte sie, waren sie stundenlang den Strand entlang gewandert, waren in mehreren Kneipen zugekehrt und hatten sich in einsamen Buchten wiederholt geliebt. Am Abend, nach einem opulenten Mahl mit reichlich Rotwein, hatte sie sich übersättigt und ermüdet auf das Bett gelegt und war einfach eingeschlafen. Allmählich dämmerte ihr, dass dies der Grund für die Verstimmung von Christopher sein musste. Nach langem, bohrendem Fragen brach es aus ihm heraus: „Dein Schlaf ist dir wohl wichtiger als dein Mann, du mieses Dreckstück." Irritiert verließ Carla das Zimmer, trank in der Hotellobby zur Beruhigung einen doppelten Cognac und ging dann etwas spazieren. Als sie auf das Zimmer zurückkehrte, war ihr frisch angetrauter Mann nicht mehr da. Er hatte seine Sachen geräumt und war ohne Nachricht einfach abgereist.

Zurückgekehrt nach Hause, fand sie ihren Mann in bester Stimmung vor. Er begegnete ihr aufmerksam und besorgt, zeigte sich interessiert und liebevoll. Das unerfreuliche Ende der Urlaubsreise wurde nicht mehr angesprochen. Sie fasste wieder Mut.

Wenige Wochen später schien ihr Mann beim Frühstück wieder gekränkt. Diesmal war das Frühstücksei, welches sie ihm zube-

reitet hatte, nicht weich genug. Wie könne sie nur so unaufmerksam, so lieblos, so nachlässig, so gemein sein? Mit Liebe habe das nichts zu tun! Er kritisierte ihre Haushaltsführung, bezichtigte sie der Schlamperei und Unordentlichkeit, verhöhnte ihre Kochkünste. Als sie Widerspruch leistete, schlug er zu, mitten ins Gesicht …

Wieder verzieh Carla ihrem Christopher. Abermals glaubte sie ihm seine Versprechungen: Es habe sich um einen einmaligen Ausrutscher gehandelt, er habe wegen beruflicher Überlastung die Nerven verloren, so etwas werde nie wieder vorkommen. In den folgenden Wochen war sein Verhalten tadellos, Carla war von seinem guten Kern und seinen Entwicklungsmöglichkeiten überzeugt. Innerlich schrieb sie seine Änderungen ihrem positiven Einfluss zu. Bis ihr Mann ihr nach Wochen sagte, was er ihr schon lange sagen wollte: Es sei sein größtes Unglück, ihr damals auf der Berghütte begegnet zu sein. Wie habe er sich bloß verlieben, wie seine Freiheit aufgeben können? Sein Leben sei ein einziger Zwang, ein sinnloses Dahinvegetieren. Wie Schuppen sei es ihm von den Augen gefallen, seit er sie im Alltag kennengelernt habe. Sie sei gefühllos, bösartig, uninteressiert und – dies wolle er betonen – in hohem Maß hinterhältig. Nur noch ein Gedanke lasse ihn durchhalten: Scheidung.

„Mein Mann ist ein unglaublicher Narzisst“ und „Meine Frau ist so was von narzisstisch“ gehören zu den häufigsten Sätzen, die in der Partnerschaftsberatung und -therapie fallen. Nicht selten kommt es zu einem Pingpongspiel mit gegenseitigen Bezichtigungen narzisstischen Verhaltens, zu einer Emporschaukelung der Egoismus-Anschuldigungen. Die Beschreibungen des rücksichtslosen und selbstgefälligen Verhaltens des jeweils anderen lassen nichts an Dramatik vermissen. Nichts scheint die Partner mehr zu erregen als das Narzisstische am anderen. Nichts schürt eine derartige Wut wie die Selbsterhöhungen des anderen. Nichts kränkt mehr als Desinteresse und Lieblosigkeit des Partners. Kaum etwas löst tiefere Resignation aus als das unaufhörliche, vergebliche Ankämpfen gegen dessen narzisstische Persönlichkeitszüge. Mit den Seufzern „ich halte das nicht mehr aus“ oder „es ist völlig aussichtslos“ endet dann meist die erste Therapiestunde. Narzissmus regt eben auf.

* * *

Im Wesentlichen findet man drei Formen von narzisstischen Partnerschaften.

Zunächst ist da die Verbindung eines Narzissten – meist ist dies der Mann – mit einem sich unterordnenden, gefügigen, die eigenen Bedürfnisse verleugnenden, den Narzissten anhaltend bewundernden Partner. Dies ist die häufigste Konstellation. Der Narzisst hat sich mit der ihm eigenen Sicherheit eine Frau gesucht, die ihn liebt, verehrt und vor allem bewundert, die sich an seiner Originalität entzückt und von seiner Einzigartigkeit tagtäglich aufs Neue begeistert ist. Sie betrachtet es – zumindest am Anfang – als außerordentliches Glück, dass dieser imponierende Mann gerade sie auserwählt hat. Sie spricht vom großen Los, vom Lotto-Sechser, von der denkbar besten Partie. Auf Auseinandersetzungen, Beziehungsdiskussionen und Machtkämpfe lässt sie sich erst gar nicht ein. Die zweite Rolle ist für sie mehr, als sie sich zu erhoffen gewagt hat. Durch diese tolle Partnerschaft sieht sie sich selbst extrem aufgewertet. Ihr eigener Narzissmus ist mehr als befriedigt.

Instinktiv spürt sie, welches ihre Position ist und was der Narzisst permanent von ihr erwartet: Unterwürfigkeit, blinde Gefolgschaft, vorauseilenden Gehorsam, Unterordnen der eigenen Bedürfnisse, Verzicht auf eigene Meinung, besonders aber Bestärkung, Lob und stete Bewunderung seiner Person. Manche Frauen – wie gesagt, ist die Rolle des sogenannten Komplementär-Narzissten meist weiblich – sind damit ein Leben lang zufrieden. So ist beiden geholfen: dem Narzissten, weil er jenen Partner hat, den seine Selbstbezogenheit braucht; seiner Frau, weil sie in Bewunderung und echter Begeisterung für jemanden Erfüllung findet. Dies tut auch ihrem eigenen Selbstwert gut und gibt ihr Sicherheit. Vielleicht ist es sogar ein Stück echter Liebe, einen Narzissten wegen oder trotz seiner Egozentrik zu mögen.

Nicht zu verwechseln ist diese Art der Partnerbeziehung mit der zweithäufigsten, die meist mit dem Schlagwort von der hinter jedem erfolgreichen Mann steckenden Frau beschrieben wird. Letztere ordnet sich keineswegs unter, sondern zieht die Fäden aus dem Hintergrund. Sie ist aber die Bestimmende, die Maßgebende, die Mächtige. Der erfolgreiche Mann ist nur vorgeschoben, er wird instrumentalisiert zur Umsetzung eigener Vorstellungen, er ist Mittel zum Zweck – eine Marionette. Hier wirkt sie narzisstisch, während sich für den Mann die Rolle des vorgeschobenen Hampelmannes nie und nimmer mit den Selbstwertansprüchen und der Menschenverachtung eines Narzissten vertragen würde.

Ein in die Tage gekommener Bankmanager, mächtig an Einfluss und Gestalt, klagte über unspezifische Herzbeschwerden, über rasenden Puls, Rhythmusstörungen und Druck auf der Brust. Er begab sich zur Abklärung in eine kardiologische Privatklinik und zu mehreren Spezialisten, welche keine organische Ursache finden konnten. Selbst Cholesterin, Zucker und Blutdruck waren normal. Zuletzt landete er, da nach Ausscheiden der körperlichen Möglichkeiten nur eine psychische Verursachung übrig blieb, beim Psychiater. In mehreren Gesprächen konnte folgende Schlüsselszene, die die Herzanfälle auslöste, identifiziert werden: Wenn er sich in der Früh von seiner jungen, ehrgeizigen Gattin, einer ehemaligen Boutiquebetreiberin, verabschiedete, habe sie ihm immer tief in die Augen geblickt und gemeint: „Thomas, sei heute wichtig!“

Die seltenste Konstellation ist die Verbindung eines Narzissten mit einem reifen Partner. Normalerweise meidet ein Narzisst solche Persönlichkeiten wie der Teufel das Weihwasser. Umgekehrt wird sich eine starke, gesunde Persönlichkeit kaum auf einen Narzissten einlassen. Jede gefestigte, reife Persönlichkeit braucht ein gewisses Maß an eigenem Narzissmus, der in der Partnerschaft mit einem selbstherrlichen Egoisten nicht ausgelebt werden könnte. Dieser würde darauf mit Ablehnung, Hass und Kränkung reagieren. Solche Partner würden sich gegenseitig als bedrohlich und unsympathisch erleben. Permanenter Streit wäre vorprogrammiert.

Bei der Analyse narzisstischer Partnerschaften ist die unterschiedliche Ausprägung des Narzissmus zwischen den Geschlechtern zu beachten. Diese hängt erwartungsgemäß mit den anders gearteten Sozialisationsbedingungen, den Erziehungsanforderungen und den angestrebten Idealen zusammen. Die Narzisstin identifiziert sich oft mit dem Partner, welcher eine Art „Ersatz-Selbst" darstellt. Sie sucht Halt im Partner und will diesen bemuttern. Die zum Narzissmus gehörende Abwertung geschieht eher in der Form von Verweigerung und Trotz. Während der männliche Narzisst die Position des Verfolgers einnimmt, beharrt die Narzisstin auf jener des Opfers. Kränkungen werden durch Anpassung und Harmonisierung, Schwäche durch Attraktivität und Leistung überwunden. Männer sind eher Narzissten, Frauen hingegen Komplementär-Narzissten.

Die am meisten gestörte Form unter allen narzisstischen Partnerschaften bezeichnet man nach dem Schweizer Familientherapeuten Jürg Willi als „die oral-narzisstische Kollusion". Während die vorgenannten Konstellationen zwar als problematisch, aber noch „normal" zu bezeichnen und zumindest in bestimmter Ausprägung in zahlreichen Beziehungen anzutreffen sind, handelt es sich dabei um eine neurotische, gegenseitiges Leid verursachende, meist zur Erkrankung eines Partners führende Störung.

In den narzisstischen Beziehungen geht es immer um die Frage der Autonomie und Selbstaufgabe, der Nähe und Distanz, um Unterordnung und Macht. Der Narzisst wird den Partner lediglich als Erweiterung seiner selbst und nicht als eigenständiges oder gar gleichberechtigtes Wesen betrachten. Er sucht einen Partner, welcher sich ihm bedingungslos unterwirft, ihn idealisiert und verehrt und keine Ansprüche hat. Häufig wählen Narzissten deshalb Partner aus, welche ihnen bezüglich Herkunft, Bildung und Intelligenz unterlegen sind oder gar ein Handicap mit sich tragen.

Der sogenannte „Komplementär-Narzisst" fühlt sich großartig durch den bewunderten Partner. Er gibt seine Eigenständigkeit völlig auf, um im andern Erfüllung zu finden. Dadurch ergänzen sich die beiden geradezu ideal: Der Narzisst sieht sich durch seinen Partner in seiner Einzigartigkeit bestärkt, erlebt in ihm keinen Konkurrenten und ist sich seiner Macht völlig sicher. Der Komplementär-Narzisst befriedigt sich an der Grandiosität seines narzisstischen Partners.

Zu Problemen kommt es, wenn der Narzisst mit dem, was ihm der Partner an Unterwürfigkeit und Bewunderung entgegenbringt, nicht mehr zufrieden ist und wenn dieser nach Selbstständigkeit strebt. In seiner Enttäuschung wird der Narzisst den Partner noch weiter erniedrigen und bekämpfen. Dieser wird sich, desillusioniert und enttäuscht, noch weiter absetzen. Es kommt zu Streit, Kränkungen, zu Szenen der Eifersucht und des Hasses, zu außerehelichen Beziehungen oder zum kalten Nebeneinander-Leben. Der Zusammenbruch erfolgt, wenn das Fass an Enttäuschungen und Frustrationen überquillt. Für den Narzissten ist es eine Katastrophe, verlassen und dadurch entwertet zu werden. Der Komplementär-Narzisst lebt in der Überzeugung weiter, dass der Narzisst ohne ihn nicht leben könne, und bleibt diesem oft auch nach der Trennung ewig treu.

* * *

Zu Tragödien können Partnerschaften dieser Art führen, wenn sich ein primär „schwacher", untergeordneter Partner weiterentwickelt, im Lauf der Beziehung dominanter und eigenständig wird, sich mit Identifizieren und Bewundern nicht mehr begnügt und sich aus der Rolle des Komplementär-Narzissten herauslöst. Wenn er autonom wird. Dies ist beispielsweise der Fall, wenn die Frau nach der Kinderphase wieder in den Beruf zurückkehrt, wenn sie ein Studium beginnt oder eine zusätzliche Ausbildung macht. Der Narzisst versucht, dies mit allen Mitteln zu verhindern, anfangs mit seinen altbewährten Mustern, dann mit Misstrauen, Entwertung und Aggression. Er erlebt die Verselbstständigung seines Partners zu Recht als Bedrohung. Er kann gar nicht glauben, dass sich der Partner nun plötzlich selbst wichtig ist und überhaupt ohne ihn leben kann, dass diesen die Ausbildung mehr interessiert als die großartigen Taten des Mannes und eigene berufliche Erfolge wichtiger sind als seine permanenten Triumphe. Er will mit allen Mitteln die alten Verhältnisse wiederherstellen, mit Bitten, Betteln und Drohen, mit Appellen an die Vernunft, mit neuen Verlockungen aus seiner Welt und mit Entwertungen jener des anderen.

Er erreicht aber das Gegenteil. Der Glanz des Narzissten geht in den Augen des ehemals unterwürfigen Partners verloren. Er fühlt sich durch die immer bösartiger und hilfloser werdenden Agitationen des Narzissten in seinem Bestreben bestätigt, wird sich innerlich und dann äußerlich lösen. Meist endet diese Form der narzisstischen Partnerschaft mit der Trennung, manchmal auch mit einer Katastrophe.

Das Leben des Johann F. verlief nach seinen Vorstellungen: stabile eheliche Partnerschaft, drei gesunde Kinder, festes Einkommen und Eigenheim mit überschaubaren Schulden. Bis eines Tages seine Gattin einen Abendkurs zum beruflichen Wiedereinstieg belegte. Johann F. nahm dies mit zwiespältigen Gefühlen zur Kenntnis, war einerseits froh um ein mögliches zusätzliches Einkommen, beunruhigte sich aber andererseits über die Verselbstständigung der Frau. Die Beziehungs- und Machtverhältnisse gerieten durcheinander. Er war nun nicht mehr der „Alleinverdiener", der Bestimmende, eigentlich auch nicht mehr das Familien-

oberhaupt. Er wurde nervös und gereizt, lag in der Nacht wach, grübelte viel, sehnte sich nach der alten Idylle zurück. Es kam zu Meinungsverschiedenheiten und heftigem Streit. Die Gattin wollte ihren eigenen Bereich haben, sich nicht immer unterordnen, wollte eine Beziehung auf Augenhöhe führen. Die Agitationen ihres Mannes ließen in ihr den Wunsch entstehen, sich von diesem zu lösen, um mit den Kindern allein zu leben …
Zwei Jahre später kam es zur Scheidung. Es entbrannte ein erbitterter Streit über Obsorge und Besuchsregelung. Letztlich verlor Johann F. auf allen Linien. Er fühlte sich ruiniert, zerstört, am Ende. Er war zutiefst verletzt, ohnmächtig, hilflos. Einmal wollte er zeigen, wie ungerecht das alles war, einmal seinen Schmerz hinausschreien. Einmal wollte er noch recht haben, einmal einen letzten Sieg erringen, einmal alles heimzahlen. „Wenn ich die Kinder nicht habe, wird sie niemand haben", soll er gesagt haben. Er hatte eine todsichere Lösung im Kopf. „Familientragödie", stand in der Zeitung.

Diese modernen Formen der Verbrechen, stark zunehmend und öffentlich tabuisiert, sind die tragischsten narzisstischen Reaktionen. Der Ablauf ist immer gleich: Die ursprünglichen Machtverhältnisse einer Partnerschaft werden umgestoßen, der ehemals Dominierende – oft der Mann – verträgt seinen Machtverlust nicht. Er versucht, mit sachlichen Argumenten, Versprechungen, dann mit Bitten, Betteln, Drohen und schließlich mit tätlicher Gewalt seine frühere Position wiederzuerlangen. Durch sein immer aggressiver, aber auch hilfloser werdendes Agieren vertreibt er den Partner, welcher eigentlich nur mehr Autonomie und mehr „Luft zum Leben der Beziehung" wollte, definitiv. In dem von Hoffen und Angst, von Demütigung und Triumph gekennzeichneten großen Krieg werden die Widerstandskräfte zermürbt. Die Kränkung sitzt so tief, dass unter diesen Bedingungen ein Weiterleben nicht mehr möglich scheint.

Narziss macht Karriere oder Narzissmus als Chance oder Hindernis im Beruf

Die Wirtschaftswissenschaftler einer berühmten Universität kamen aus dem Staunen nicht heraus. Als sie die Ergebnisse einer Untersuchung über die Persönlichkeitsprofile von Börsenprofis studierten, wiesen diese verblüffende Parallelitäten mit jenen von kriminellen Psychopathen auf. Bei beiden Gruppen standen Rücksichtslosigkeit, Risikobereitschaft, Verantwortungslosigkeit und Gefühlsmangel im Vordergrund.

In der Psychiatrie sind diese als „sensationell“ verkündeten Erkenntnisse nicht neu. Schon vor hundert Jahren haben die großen Gestalten der Psychiatrie auf die ähnlichen Charaktere von deklarierten Psychopathen und anerkannten Führungspersönlichkeiten hingewiesen. Die einen leben ihre Psychopathie in der Delinquenz, die anderen im beruflichen Erfolg aus.

Tatsächlich sind jedenfalls verschiedene Persönlichkeitseigenschaften bei Führungspersönlichkeiten und großen Verbrechern in ähnlicher Weise zu finden. Gerhard Dammann, ein deutschschweizerischer Psychiater und Narzissmusforscher, nennt oberflächlichen Charme, übersteigertes Selbstwertgefühl, Selbstüberschätzung, suchtartiges Arbeitsverhalten, Simulationsbedürfnis und Reizhunger, manipulative Fähigkeiten, Mangel an Schuldgefühlen, oberflächliche Gefühle und geringe Bindungsfähigkeit, weiters Fehlen von Empathie, Risikoverweigerung, Verweigerung der Verantwortung für eigenes Verhalten, große innere Flexibilität und zum Teil charismatische Eigenschaften als Faktoren, die eine Karriere im Wirtschaftsunternehmen zunächst begünstigen können.

Man kann gut nachvollziehen, dass solch kaltherzige, aber auch zielstrebige Tendenzen im beruflichen Kampf sehr hilfreich sein können. Der Wirtschaftsführer hat sie allerdings sozialisiert und den gesellschaftlichen Erfordernissen angepasst, dem Kriminellen gelingt dies nicht.

Egoismus, rücksichtsloses Durchsetzen des eigenen Standpunktes, Selbstsicherheit und Überzeugungsfähigkeit sind tatsächlich Eigenschaften, die man in leitenden Positionen braucht. Der Narzisst tut alles, um ja nicht kritisiert zu werden, um Lob zu erhalten, um nur Anerkennung und Bestätigung rückgemeldet zu bekommen. Seine häufigen Spitzenleistungen resultieren nicht zuletzt aus der Ängstlichkeit, mit welcher er jeglichen Ansatzpunkt für Kritik von vornherein vermeiden will. Die selbstverliebte Überzeugung, die einzig richtigen Ideen zu haben, alle Problemsituationen glasklar zu analysieren und stets die besten Entscheidungen zu treffen, befähigen ihn zu höheren Aufgaben, wo auch immer.

Narzisstische Persönlichkeitszüge begünstigen die berufliche Karriere. Zahlreiche führungspsychologische Untersuchungen kommen zu dem Schluss, dass narzisstisches Verhalten geradezu Voraussetzung für die Erlangung einer Führungsposition sei. Narzissten sind durch die Gabe zur Selbstinszenierung, durch Durchsetzungskraft, Leistungsfähigkeit und die tiefe Überzeugung, etwas ganz Besonderes zu sein, gekennzeichnet. Diese Triebfedern des Fortschritts und des Erfolgs sind in leitenden Positionen gefragt. Es verwundert nicht, dass Führungspersönlichkeiten höhere Narzissmuswerte aufweisen. Selbstverliebte werden leichter als natürliche Führer akzeptiert, zumindest kurzfristig, während langfristig Beziehungskonflikte und destruktives Verhalten überwiegen.

Erich Fromm hat den bei Führungspersönlichkeiten häufig anzutreffenden Narzissmus als *„Berufskrankheit oder gar als Berufskapital“* bezeichnet. Ein von sich, seinen außergewöhnlichen Fähigkeiten und seiner Mission überzeugter Führer werde Gefolgsleute und Publikum hervorragend motivieren können. Völlige Sicherheit und Überzeugung von der eigenen Idee haben einen enormen Anziehungseffekt. Der narzisstische Führer ist aber auf Anerkennung, Beifall, Gefolgstum und Verehrung zur Aufrechterhaltung seines psychischen Gleichgewichtes angewiesen.

Der bekannte Wirtschaftsforscher Vamik D. Volkan (2006) folgert: *„Ein ausreichender Narzissmus, ja selbst übertriebener Narzissmus, ist meines Erachtens notwendig, um als politischer Führer etwas bewirken zu können. Es ist sein Narzissmus, der ihn sich wohlfühlen lässt in seiner Haut als Nummer eins.“*

* * *

Man darf aber den charismatischen Manager nicht mit dem narzisstischen verwechseln. Der Charismatiker vermag dank seiner Selbstsicherheit, seiner Zielstrebigkeit, seiner starken Überzeugungskraft und seiner Visionen Mitarbeiter enorm zu motivieren. Es geht ihm nicht wie dem Narzissten um die Entwertung, Erniedrigung und Ausnützung der Untergebenen, sondern um deren Überzeugung. Mit seiner im wahrsten Sinn des Wortes mitreißenden Art motiviert und begeistert er alle. Der Charismatiker wird positiv verstärken, der Narzisst häufig auch negativ.

Die Frage, ob negative Persönlichkeitszüge bei Führungskräften Folge von Macht und Einfluss sind oder ob narzisstische beziehungsweise psychopathische Züge die Karriere bedingen können, ist nicht entschieden. Wahrscheinlich wirkt beides zusammen.

Auch wäre es fatal, alle Besonderheiten einer Führungspersönlichkeit als „narzisstische“ zu klassifizieren. Nicht nur, weil dadurch eine falsche und destruktive Stigmatisierung vorgenommen wird, sondern auch, weil in der heutigen Zeit narzisstisches Verhalten ja oft als erstrebens- und nachahmenswert betrachtet wird. Kürzlich hörte ich bei einem Arbeitsessen eine erregte Diskussion von Geschäftsleuten über einen unliebsamen

Konkurrenten. Einer der Anwesenden betitelte diesen als „Pseudo-Narzissten“, wobei die Betonung eindeutig auf „Pseudo“ lag. Das Schimpfwort klang nach „Möchtegern-Narzisst“, nach „Schaf im Wolfspelz“. Will heißen, dass das Verächtliche nicht im Narzissmus liegt, sondern darin, dass diese offensichtlich begehrte Haltung von diesem Schwächling nie und nimmer erreicht wird.

* * *

Der Konzern-Chef, von asketischer Konstitution und Widerspruch erstickender Diktion, leitete persönlich die Sitzung des Führungsteams. Dieses war ganz auf den großen Chef zentriert, jedes seiner Worte wurde mit zustimmendem Nicken quittiert, jede Pause gab Gelegenheit zu unterwürfigen Gesten. Alle waren bestrebt, dem Chef die von diesem offensichtlich erwarteten Antworten zu geben, alle reagierten prompt, folgsam und unterwürfig. Der große Boss erzählte, dadurch den anwesenden Spitzenkräften ihre Bedeutungslosigkeit reflektierend, von seinen klugen Überlegungen, seinen genialen Gedanken. Er schimpfte über die Politik, erzählte launige Episoden aus seinem Privatleben und gab zweifelhafte Witze zum Besten, die von den Anwesenden mit sofort einsetzendem, übertriebenem Lachen quittiert wurden. Der Konzern-Chef, sichtlich gelangweilt und der Unterwürfigkeiten überdrüssig, sprach mit immer leiserer Stimme, bald konnte er nur mehr sich selbst verstehen. Ein junger, sehr hoffnungsvoller und tüchtiger Nachwuchsmanager, weit hinten sitzend, bat höflich, ob der Boss nicht etwas lauter sprechen könnte. Dieser erwiderte, an die Runde gewandt, mit noch leiserer Stimme: „Sitzen Sie halt näher zu mir, dann können Sie mich verstehen“, und flüsterte zu dem neben ihm sitzenden persönlichen Assistenten: „Den da sofort entlassen!“

Hier zeigt sich der Narzissmus in einer unguten Form. Der von sich so überzeugte Chef, welcher keinen Widerspruch mehr duldet, welcher in seiner narzisstischen Art so abgehoben war, dass ihn niemand zu kritisieren wagte, ist bei Weitem nicht so cool und souverän, wie er sich gibt. Er ist im Prinzip unsicher, extrem empfindlich und selbst durch eine berechtigte Alltagsfrage in seinem Absolutismus gekränkt. Er kann sich keinen Moment in einen eifrigen Mitarbeiter, welcher ja nur jedes Wort des obersten Bosses begierig hören will, einfühlen und eliminiert diesen wie eine lästige Fliege.

Der Narzisst ist – wie wir schon mehrfach gehört haben – äußerst empfindlich und unglaublich kränkbar. Dies strahlt er ebenso aus wie seine Selbstsicherheit, seine Umgebung kann sich dem nicht entziehen und wird ihrerseits alles tun, um Kränkungsreaktionen zu vermeiden. Diese fallen bei Narzissten extrem heftig aus, bestehen in Schreien, Brüllen, Toben, in Niedermachen der anderen, in Despotismus und Entwerten der Mitarbeiter.

Um solche Ausbrüche zu vermeiden, wird sich niemand trauen, dem narzisstischen Chef entgegenzutreten, anderer Meinung zu sein oder ihn gar zu kritisieren. Im Gegenteil, dort wo Zurückhaltung oder Skepsis angezeigt wäre, wird man den Narzissten loben und ihm Bewunderung kundtun. Dies bestärkt den Narzissten wiederum in seiner Meinung, stets im Recht und absolut unfehlbar zu sein. Sein Selbstwert wird noch weiter steigen, das Gefühl der Einzigartigkeit zunehmen, er wird unduldsam und unterbindet auch die leiseste Kritik. Irgendwann einmal wird der narzisstische Führer abheben, es gibt für ihn keine Grenzen, keine Verbote, keine Rücksichtnahmen. Seine Allmachtsfantasien werden für ihn mehr und mehr zur Realität.

So schafft der Narzisst ein Reich aus Vasallen, die ihn zum Teil bewundern, zum Teil fürchten, ihm auf jeden Fall bedingungslos folgen. Diejenigen, die das narzisstische Agieren zulassen, sind oft selbst unsichere, depressive Menschen, mag man sie als Speichellecker oder Jubelknechte bezeichnen. Ausgelebter Narzissmus setzt nicht nur einen narzisstischen Agitator voraus, sondern eine Umgebung, ein mitmenschliches Umfeld, welches dies zulässt.

Dieser narzisstische, von niemandem korrigierte Höhenflug wird dem narzisstischen Führer aber oft zum Verhängnis. Die zahlreichen großen Prozesse gegen Banker und Wirtschaftsführer bringen zutage, wie sehr sich der Narzisst von der Wirklichkeit entfernt hat, sich nur mehr an die eigenen Regeln hält, Gesetz und Anstand missachtet und jegliche Bodenhaftung verloren geht.

Das Gesetz, wonach sich Narzissten irgendwann selbst zu Fall bringen, erfüllt sich oft auch bei narzisstischen Führungspersönlichkeiten. Der Absturz erfolgt häufig unerwartet und ist meist sehr dramatisch. Der Narzisst kann nicht begreifen, dass er, der Unfehlbare, zur Rechenschaft gezogen wird, wie ein gewöhnlicher Staatsbürger vor dem Richter steht. Eine Verurteilung ist für ihn inakzeptabel und absolut unerträglich.

Im Lauf der Zeit erweist sich der anfangs nützliche Narzissmus als destruktiv und schadet dem Betrieb. Otto F. Kernberg hat dazu gemeint: *„Die Charakterpathologien von Führungspersonen, die für Institutionen die größte Gefahr bergen, sind vermutlich die narzisstischen Persönlichkeitsmerkmale"*. Auch Selbstüberschätzung erweist sich im längeren Verlauf als „fatal". Bei einer Umfrage unter Personalberatern nannten 53 Prozent die Selbstüberschätzung als bedeutendsten „Karrierestolperstein", noch vor der Unfähigkeit, die Spielregeln des eigenen Unternehmens zu durchschauen und mangelnder Bereitschaft zur Weiterentwicklung. Typischerweise schlagen die anfängliche Idealisierung und Begeisterungsfähigkeit in demotivierendes Verhalten um. Der Narzisst kann seine Vorwurfs-, Anspruchs- und Beschuldigungshaltung und seine Tendenz, andere zu entwerten, nicht mehr verbergen. Die Mitarbeiter grenzen sich ab, distanzieren sich, verlassen den Betrieb oder rufen zum offenen Kampf auf.

* * *

Manchmal erweist sich der Narzissmus, besonders bei Dominanz erhöhter Kränkbarkeit, als ausgesprochenes Karrierehindernis:

N. war bei einer mittelgroßen Firma im mittleren Management mit mittelmäßigem Erfolg tätig. Als er eine angestrebte Topposition nicht erhielt, kündigte er spontan. Er sei von einem internationalen Headhunter im Auftrag eines Weltkonzerns angefragt worden, man habe ihn aus über hundert infrage kommenden Kandidaten ausgewählt. Man habe ihm einen Zehn-Jahres-Vertrag vorgelegt, zu dem er beim besten Willen nicht Nein sagen konnte. „Die brauchen mich einfach, wie einen Bissen Brot." So lauteten seine Begründungen, obwohl er keinerlei Aussicht auf eine neue Stelle hatte. N. bat um ein Dienstzeugnis, das ihm unmittelbar ausgestellt wurde.

Zwei Tage später erhielt der Personalchef von Herrn N. ein Schreiben folgenden Inhalts:

„In meiner Dienstbeurteilung schreiben Sie, sogenannter Herr Personalchef, dass ich in Ihrem Unternehmen eine ‚gute (sic!) Leistung' erbracht hätte, der Vorstand mit meiner Arbeit ‚zufrieden' (sic!) gewesen sei und Sie mein Ausscheiden ‚sehr bedauern' (sic!) …

Diese abgedroschenen Allgemeinfloskeln weise ich ebenso zurück wie Ihre unverschämt-dümmlichen Beurteilungen. Offensichtlich hat in diesem miesen Betrieb niemand meinen Einsatz, meine Ideen und meinen Idealismus erkannt. Wie sonst wären die Rückmeldungen nahezu der gesamten Belegschaft erklärbar, wonach mein Einsatz ganz außerordentlich und meine Leistung einzigartig war und mein Ausscheiden von allen zutiefst bedauert wird. Außer Ihnen in Ihrer weltfremden Abgehobenheit ist das niemandem verborgen geblieben. Im Gegensatz zum billigen Abgang, welchen mir dieses klägliche Unternehmen bereitet hat, werde ich von meinen neuen Dienstgebern mit Freude und Hochachtung empfangen. Im Nachhinein erweist sich mein Entschluss, mich von Ihnen nicht länger gängeln und demütigen zu lassen, als goldrichtig.

Achtungsvoll

N."

Alles Bluff, Casting, Show
oder
Die narzisstische Gesellschaft

Wird die menschliche Gesellschaft tatsächlich immer narzisstischer? Wenn ja, wo liegen mögliche Gründe für diese Entwicklung?

Obwohl Narzissmus zur Grundausstattung des menschlichen Wesens gehört, so alt ist wie die Menschheit selbst und als universell verbreitete psychosoziale Konstellation zu betrachten ist, sprechen viele Historiker, Gesellschaftsanalytiker und Soziologen von einer rasanten Zunahme des Narzissmus in unserer Zeit. Untermauert werden diese Beurteilungen durch zahlreiche wissenschaftliche Untersuchungen, die durchwegs auf einen permanenten Anstieg der narzisstischen Grundelemente Egozentrizität, Arroganz, Rücksichtslosigkeit, Mangel an mitmenschlicher Einfühlung und extreme Empfindlichkeit schließen lassen.

Zwei amerikanische Psychologen, Jean M. Twenge von der San Diego State University und W. Keith Campbell von der University of Georgia, sprechen in dem 2009 erschienenen Buch „The Narcissism Epidemic. Living in the Age of Entitlement" von einer alarmierenden Zunahme des Narzissmus. In einer Untersuchung an 37.000 Studenten verglichen sie den Grad der Selbstverliebtheit zwischen der Jetztzeit und dem Jahr 1985. Damals wies noch jeder siebte Student erhöhte Narzissmuswerte auf, heute ist es bereits jeder vierte. Den Grund für die stets ansteigende Selbstfokussierung sehen die Forscher in der zunehmenden Hinwendung der amerikanischen Gesellschaft auf Werte wie Selbstbewusstsein, Verwirklichung des eigenen Ich und Selbstdarstellung. Die zur kollektiven Besessenheit gesteigerte Ich-Zentrierung habe ein destruktives Ausmaß erreicht, sodass gar Gemeinschaftsgefühl,

Solidarität und Glaube an die Gestaltungskraft von Politik und Institutionen weitgehend verschwunden seien, so die Forscher.

Wo könnten die Gründe dafür liegen? Hüten wir uns vor narzisstischen Erklärungen. Derart komplexe Phänomene können nie auf eine oder zwei Ursachen zurückgeführt werden, sondern stehen allenfalls mit fördernden Umständen, mit psychosozialen Bereitschaften und mit erhöhter Anfälligkeit in Verbindung.

Es ist wohl zu kurz gegriffen, wenn man geänderte **Moralvorstellungen und Wertehaltungen** als den wesentlichen Grund sieht. Niemand aber kann übersehen, dass ehemalige Tugenden wie Zurückhaltung, Bescheidenheit, Genügsamkeit oder Unterordnung heute keine große Rolle mehr spielen, ja zum Teil eher als Makel angesehen werden und als „Untugenden" gelten. Der Mensch, das Ich, das Selbst und die eigenen Bedürfnisse sind, noch stärker als in Zeiten der Renaissance, in den Mittelpunkt getreten. Die neuen Ideale heißen nicht Vorsicht, Verzicht oder Solidarität, sondern Sicherheit – vor allem Selbstsicherheit –, Konsum und Selbstbezug. Zum dominierenden Affekt der Gegenwart ist „cool sein" geworden, somit ein durch und durch narzisstisches Element. Besonders in der Sprache der Jugend spielt dieses auf Abgebrühtheit, Unaufgeregtheit und Entemotionalisierung hinweisende Wort eine bedeutende Rolle. Cool ist alles, was Vergnügen bereitet, was gelungen ist, was befriedigt. Wird eine Situation oder ein Verhalten als „cool" bezeichnet, entspricht dies einer hohen Auszeichnung und coole Menschen gelten als jene mit der idealsten Persönlichkeitsstruktur überhaupt. Wir bewundern nicht mehr den empathischen, verständnisvollen, anteilnehmenden, mitleidenden, sondern vielmehr den abgebrühten, distanzierten, unberührbaren Menschen. Lässt sich ein Zusammenhang zwischen dieser neuen Ausrichtung der Gefühlswelt und der unempathisch-narzisstischen Einstellung von der Hand weisen?

Obwohl Belastungen, ja Traumatisierungen in der heutigen Zeit überschätzt werden – denken Sie an die Inflation des Burnout-Begriffes –, bergen Dauerstress, Hektik und verschärfte berufliche Anforderungen erhebliche Risiken. In der Ellenbogengesellschaft hat der Mensch für Einfühlung, Verständnis oder klärende Gespräche schlichtweg keine Zeit. Er muss rasch entscheiden, sich auf jeden Fall durchsetzen, direkt zum Ziel kommen und dabei noch immer erreichbar – und damit störbar – bleiben. Behutsamkeit, Einfühlung und Rücksichtnahme haben da keinen Platz mehr.

Andere Gründe könnten in den Nebenwirkungen des **großen Netzes**, einer der grandiosesten Errungenschaften unserer Zeit, liegen. Ist es nicht einzigartig, im Mittelpunkt wichtigster Verbindungen zu stehen, die Welt jederzeit zu sich hereinholen und über eine unbegrenzte Informationsmacht verfügen zu können? Was könnte besser das Gefühl der Allmacht vermitteln, als jederzeit und an jedem Ort jede erdenkliche Information erhalten zu können? Muss uns die „Klick-Hoheit" nicht ein narzisstisches Hochgefühl und die Verfügbarkeit des universalen Wissens den Eindruck der Allmächtigkeit vermitteln? Wenn wir uns bei der täglichen Arbeit dessen nicht bewusst sind und Internet und grenzenlose Kommunikation für den IT-Menschen zur Selbstverständlichkeit geworden sind, so wird zumindest unbewusst das Gefühl der Einzigartigkeit, der Überlegenheit und der Macht – kurzum des Narzissmus – gefördert.

Hat der Mensch mit seinen heutigen Möglichkeiten nicht allen Grund, selbstbewusst, selbstsicher und selbstverliebt zu sein? Der Mensch war noch nie annähernd so gesund, so gebildet, so verwöhnt, so frei und so autonom wie heute. Moral, Ordnung und Recht haben ihren beengenden, bevormundenden Charakter verloren. Viele Krankheiten, die den Menschen die Beschränkungen seines Daseins bewusst gemacht haben, sind besiegt. Der Schweiß im Angesicht ist kaum mehr Voraussetzung für den Broterwerb, sondern allenfalls teuer erkaufter Erfolg im Fitnessstudio. Die uralte Sehnsucht nach dem Goldenen Zeitalter, in welchem die Arbeit der Maschinen jene des Menschen ersetzt, ist längst erfüllt.

Die Erde ist alles andere als ein Jammertal, durch welches das geplagte Individuum zu einem besseren Jenseits reisen muss. Das Leben ist weniger Joch und mehr Vergnügen geworden. Herrschaftsverhältnisse, die uns ehemals unfrei, freudlos und hörig gemacht haben, gibt es nicht mehr. Auch keine Seuchen, welche die vor Gesundheit strotzende Jugend dahinraffen, und keine Kriege, die alles Aufgebaute in fast regelmäßigen Abständen zerstört haben.

Vom bittenden Empfänger sind wir zum umworbenen Konsumenten geworden. Unser Problem heißt nicht, keine Nahrung zu bekommen, sondern mit dem Übermaß fertig zu werden. Wir müssen nicht mehr nach Information suchen und um Wissen kämpfen, sondern richtig auswählen und uns vor deren Flut retten. Wer von uns hat sich schon in langen Schlangen anstellen müssen, um Grundnahrungsmittel zu erhalten? Wer hat schon sein Brot mit Tränen gegessen, wer unfreiwillig gehungert?

All diese und viele andere erfreuliche Umstände werden keinesfalls beklagt, sondern auf ihre den Narzissmus fördernde Wirkung abgefragt. Wir müssen, ohne Plattheiten zuzulassen, keine allzu komplexen Erklärungen suchen, manches ist viel einfacher.

Ist es nicht ein erhebendes Gefühl, über den Wolken zu schweben und innerhalb weniger Stunden in ferne Länder zu gelangen? Hat der große Cäsar jemals ein Auto mit 200 Pferdestärken gelenkt, konnte Cleopatra Kinder ohne Schmerz zur Welt bringen und hat Napoleon jemals eine Digitaluhr getragen? Man muss keine küchenpsychologischen Überlegungen anstellen, um zu erkennen, dass das alles – Gott sei Dank – dem Selbstwert guttut und der Mensch viele Gründe hat, sich überlegen und im historischen Vergleich einzigartig zu fühlen.

Narzisstische Menschen hat es immer schon gegeben. Strittig ist, ob der Narzissmus zugenommen hat oder ob es heute „in“ ist, sich zum Narzissmus zu bekennen. Der Sozialpsychologe Hans Werner Bierhoff von der Ruhr-Universität Bochum ortet eine übersteigerte Kultur der Selbstdarstellung und eine andauernde „Ich-Inflation" in der westlichen Welt. Das durch die geschwächte Bindungskraft sozialer Normen entstandene Vakuum werde von einem offensiven Narzissmus mehr und mehr eingenommen. Die in Talk-Reality und Casting-Shows in übersteigerter Form gebotene Selbstrepräsentation sei ein Symptom einer selbstverliebten Gesellschaft. YouTube und Facebook sind ideale Foren für Selbstvermarktung und befriedigendes obsessives Verlangen, immer im Zentrum der Aufmerksamkeit zu stehen.

Die Selbstverwirklichung hat eine kaum mehr kontrollierbare Eigendynamik in Gang gesetzt, welche sich im Rückgang der Geburtenrate und in der Zunahme von Single-Haushalten, in verschärftem Kapitalismus, in bedingungslosem Glauben an Leistung und Wachstum zeige. Nicht zuletzt ist die Krise der Finanzmärkte Folge der narzisstischen Epidemie. Rücksichtsloses Profitstreben und Gier sind Ausdruck einer narzisstisch schwer gestörten Gesellschaft.

Wer in der Casting-Gesellschaft bekannt werden will, so schreiben Bernhard Pörksen und Wolfgang Krischke, ist existenziell auf die öffentliche Wahrnehmung angewiesen: „Ich will stattfinden", heißt die Kurzformel der Casting-Gesellschaft. Getrieben von der Hoffnung auf eine Karriere als Gesangsstar, Topmodel, Dancing-Queen oder Supertalent, kämpft man bei Shows wie „Deutschland sucht den Superstar" oder „Germany's next Topmodel" um die Anerkennung von Jury und Zuschauern. Für den Traum vom Promi-Leben im Medien-Glamour lassen sich die Star-Anwärter willig von Juroren, Redakteuren und Trainern abkanzeln, kommentieren und instrumentalisieren. Selbst der Preis, vor laufender Kamera von einem Millionenpublikum verhöhnt zu werden, ist ihnen nicht zu hoch. Die Status- und Leistungsprominenz wird zunehmend von der Medienprominenz und vor allem der Netzprominenz übertroffen. *„Sein heißt: medial stattfinden"*.

Der Medienpsychologe Jo Groebel sieht eine Demokratisierung der Prominenz. *„Prominenz durch Geburt, durch Meriten* *und durch Assoziation hat es schon immer gegeben, sobald ein Massenpublikum dasteht. In den letzten 10, 15 Jahren hat sich der Zugang zur potenziellen Prominenz aber vervielfacht. Da spielt das Internet natürlich eine entscheidende Rolle, aber besonders auch der Bedarf des Fernsehens, möglichst viele Leute zu zeigen und Schicksale zu demonstrieren. Die Produktionsmittel für Prominenz sind im Grunde jedem zugänglich geworden*".

Lassen Sie mich noch ein Wort zu den Drogen, der neuen Weltmacht, sagen. Auch diese haben viel mit der Zunahme des Narzissmus zu tun. Substanzen, die uns berauschen und entrücken, die uns beschwingen und euphorisieren, hat es noch nie in dieser Menge, Vielfalt und Qualität gegeben. Rausch, Sucht und Drogen sind stark von der gesellschaftlichen Entwicklung abhängig und vom Zeitgeist geprägt.

Welches ist nun die Droge des Narzissmus? Auf den ersten Blick könnte man meinen, dass die Ekstase versprechende Substanz – das XTC – dem am ehesten entspricht. Sie gibt das Gefühl der Einzigartigkeit, des Abgehobenseins, der Euphorie und der Verschmelzung mit allen Menschen. XTC führt auch zur Versenkung in sich selbst, was ebenfalls typisch für den Narzissmus wäre. Man ist ganz in sich versunken, man ist der Mittelpunkt der Welt. Ecstasy ist aber weniger aggressiv, weniger kalt und macht weniger arrogant. Es ist eine „lieblichere" Droge, sie hat nicht die Härte der Narzissmus-Gesellschaft. So wundert es nicht, wenn der Höhepunkt dieser Designer-Droge zu Beginn des Jahrhunderts überschritten wurde und jetzt das Kokain, der Schnee der Anden, das Kommando übernimmt. Tatsächlich fördert Kokain, von der Elite- zur Gesellschaftsdroge werdend, narzisstische Gefühle und Strebungen. Kokain aktiviert, euphorisiert, vertreibt Müdigkeit und Hunger und gibt dem Konsumenten das Gefühl, etwas ganz Besonderes zu sein. Kokainisten wirken oft überheblich, ganz wie Narzissten. Kokain-Konsumenten erwecken einen arroganten Eindruck. Kennen wir das nicht vom Narzissmus? Und Kokain macht gefühllos, auch das ist narzisstisch. So scheint der Siegeszug des Kokains kein Zufall, sondern ein weiteres Indiz für den Weg zur narzisstischen Gesellschaft zu sein.

Die Menschen sind anspruchsvoller, fordernder, rücksichtsloser, gieriger und egoistischer geworden. Das Gefühl der eigenen Grandiosität, Selbstidealisierung und Entwertung anderer hat sich – so wird von vielen befürchtet – zu modernen Lebensprinzipien entwickelt. Der Zeitgeist wird zunehmend von Arroganz, Ruhmsucht und Machogehabe bestimmt. Dieser „neue Sozialisationstypus" prägt nicht nur Persönlichkeit und Selbstwert des Einzelnen, sondern hat erhebliche gesellschaftliche Auswirkungen. Der süchtige Wunsch nach Anerkennung entsolidarisiert die Gesellschaft, unterminiert die Gemeinschaft und isoliert den Einzelnen.

Was ist aus all dem zu folgern? Ich möchte es so ausdrücken:

Das ehemals den Herrschenden und der Oberklasse vorbehaltene narzisstische Agieren, das Ausleben der uns allen innewohnenden narzisstischen Bedürfnisse ist zu einem Massenphänomen geworden. Heute lassen es die Umstände zu, dass viel mehr Menschen die in ihnen schlummernden narzisstischen Tendenzen und Strebungen ausleben, ihre narzisstischen Ansprüche verwirklichen und sich zu einer narzisstischen Haltung bekennen können. Das wirklich Neue am Narzissmus der Gesellschaft ist nicht dessen Vorkommen, sondern dass er als Lebensform gesucht wird und als soziale Grundeinstellung den Zeitgeist bestimmt.

Im Narzisstenspiegel oder Menschen- und Selbstkenntnis durch Reflexion

„*Wir brauchen keine anderen Welten, wir brauchen Spiegel*“, lautet der als prophetisch geltende Satz des Science-Fiction-Autors Stanisław Lem in seinem Roman „Solaris“. Darin mahnt der wohl berühmteste polnische Schriftsteller, welcher mit einem unfassbaren Intelligenzquotienten von 180 ausgestattet gewesen sein soll, vor der menschlichen Hybris. Der Mensch, der als gottgleiches Wesen mit wissenschaftlichen Erkenntnissen die Gesetze der Natur überwinden, wundersame Kräfte entwickeln und künstliche Intelligenz entwickeln will. Schon 1954 hat Lem, von Beruf Arzt, auf die „drohende Verschmutzung“ durch die Informationsumwelt hingewiesen und Vorläufer von Computernetzen und Internetsuchmaschinen entworfen. Wenn Lem vor der Selbstüberschätzung der Menschen gewarnt hat, beschäftigte er sich damit stets mit unserem Thema, dem „Narzissmus“. Und er hat gemeint, dieser Fehlentwicklung am besten durch Reflexion, durch Spiegelungen begegnen zu können.

Was fasziniert den Menschen am Spiegel? Weshalb hat der Spiegel, von der wertlosen Scherbe bis zum unermesslich teuren Kunstobjekt reichend, in unserer Gesellschaft diesen Platz?

Spiegel sind verlockend und geheimnisvoll, betörend und bedrückend, verführerisch und abstoßend, glanzvoll und demaskierend, entblößend und beglückend, unbestechlich und verspielt. Der Spiegel ist mächtig und bescheiden, weil er nichts analysieren, nichts kommentieren, nichts zerreden und erklären, sondern nur wiedergeben muss. In seiner Unbestechlichkeit und Neutralität, in seiner radikalen Ehrlichkeit liegt die allergrößte

Macht. Der Spiegel nimmt sich gar nicht heraus, selbst zu agieren, zu kommentieren, zu beraten oder in irgendeiner Form aktiv zu sein. Allein aus dem unverfälschten Sichtbarmachen der Realität, aus der schlichten Wiedergabe entfaltet er seine Stärke. Deshalb eignet sich „Spiegel" auch so hervorragend als Name für Qualitätsmedien.

Der Spiegel liefert uns ein lebendiges Abbild unserer Person. Er ermöglicht uns die Begegnung mit dem eigenen Ich. Er hält uns ein Bild vor, durch das wir uns geschmeichelt, bestätigt oder beschämt fühlen. Er zeigt uns verschiedene Aspekte des eigenen Wesens. Er kann uns in unserem Narzissmus bestätigen oder die Selbstverachtung vertiefen. Das Spiegeln ist der Königsweg zur Selbsterkenntnis und zur Selbstkritik. Trotzdem bleibt das Bild im Spiegel ein Stück weit distanziert, fremd und geheimnisvoll. Der Mensch hat große Lust, in den Spiegel zu blicken, ein tiefes Verlangen, das manchmal zur Gier, zur Sucht wird. Eine Frau verbringe, so haben Untersuchungen ergeben, zwei Jahre ihres Lebens vor dem Spiegel.

Ähnlich verlockend wie der Blick in die glatt glänzende Fläche, die uns unser äußeres Bild vorhalten kann, ist der Blick in den „Psychospiegel". Nicht nur die Spiegelung unserer Gestalt und des Aussehens ist verführerisch, sondern jene unseres Wesens, unserer Persönlichkeit und unseres Verhaltens. Weshalb üben Selbsterfahrungsgruppen, psychodramatische Veranstaltungen oder Familienaufstellungen eine derartige Faszination aus? Weil hier den Teilnehmenden durch die Feedbacks der anderen ein Spiegel vorgehalten wird, in welchem sie neue Seiten an sich sehen, in verschattete Anteile blicken können. Durch andere Sichtweisen und ungewohnte Perspektiven wird manch blinder Fleck aufgehellt. Aus den Reaktionen der Mitmenschen und den Fremdanalysen entsteht ein Spiegelbild der eigenen Person. Von diesen Psychospiegeln erwarten wir nicht das uns bekannte Bild, vielleicht auch nicht die radikale Wahrheit, sondern ein Ausleuchten unbewusster Bereiche unseres Seelenlebens. Der Psychospiegel gibt uns neue Sichtweisen und Erkenntnisse, mit seiner Hilfe gelingen uns unerwartete Entdeckungen. Er macht vielleicht Geahntes bewusst und Gefühltes sicher. Er ruft aber auch Verunsicherung, Infragestellung und Irritation hervor.

Derartige Spiegelungen gehören in zahlreichen psychotherapeutischen Verfahren zu den wichtigsten Techniken. Die Psychoanalyse versucht, durch Spiegeln alte Konfliktsituationen und die dazugehörigen Gefühle in der therapeutischen Situation zu wiederholen. Der Analytiker soll sich neutral, zurückhaltend, therapeutisch abstinent verhalten, er soll keine Ratschläge geben und seine Interpretationen niemandem aufzwingen. Er soll nur das, was der Patient sagt und assoziiert, widerspiegeln. Dadurch werden unbekannte Anteile des Seelischen erhellt, dadurch gelingt Selbsterkenntnis. In der klientenzentrierten Psychotherapie nimmt der Behandelnde die Perspektive des Patienten ein und gibt ihm in eigenen Worten das zurück, was er von ihm aufgenommen hat, das heißt, er spiegelt das Verstandene. Wenn in der Psychotherapie besonders belastende Probleme angesprochen und Verhaltensweisen reflektiert werden, wird der Spiegel manchmal zum Brennspiegel.

Und was ist mit den Bildern, die wir im Spiegel gesehen haben? Sind sie flüchtig und werden sie gleich vergessen? Bleiben sie in unserer Empfindung hängen und wirken sie nach, angenehm und schmerzlich? Liefern sie uns Wahrheiten, erfreuliche und entsetzliche, akzeptable und solche, die gar nicht auszuhalten sind? Führen sie zu Innehalten, Besinnung, Betroffenheit und Selbstreflexion? Lösen sie bei uns Beklemmung, Selbstwertzweifel und neurotische Reaktionen aus? Bringt uns die Menschenkenntnis ein Stück weiter und ist die Selbsterkenntnis tatsächlich gelungen? Oder stürzen uns die Bilder des Narzisstenspiegels so wie den schönen Jüngling in Krankheit und Tod?

Manchmal können wir nicht glauben, was wir im Spiegel sehen. „Ich ist ein anderer“, hat schon der französische Lyriker Arthur Rimbaud (1870) in seinen Überlegungen zur Frage, weshalb denn ein Hund vor dem Spiegel belle, festgestellt.

Seit jeher sind wir bemüht, dem Spiegel seine Ehrlichkeit, seine Klarheit und seine Härte zu nehmen. Wir versuchen, ihn zu überlisten und ihn gleichsam zu einer verschönten Wiedergabe, zu einem gefälligen Bild zu zwingen. Dies geschieht durch Verwendung von Hohlspiegeln, von konvexen und konkaven Spiegelflächen, besonders aber durch künstlerische Bearbeitung, durch seine Umwandlung in ein Kunstwerk. Weil wir die spiegelnde Fläche nicht ohne Weiteres überlisten können, halten wir uns an den Rahmen. Damit erscheint das, was wir im Spiegel sehen – uns selbst –, doch viel erfreulicher: Unser Bild wird eingerahmt von vergoldeten Einfassungen und großartigen Schnitzereien, von kunstvollen Lorbeerkränzen, von herrlich bemalten Rändern. Will man damit den Stellenwert des Spiegels betonen und ihn im wahrsten Sinne des Wortes in die ihm zustehende Verfassung bringen? Oder gilt der Aufwand eigentlich uns selbst? Könnte es sein, dass wir unser Bild mit Lorbeer schmücken wollen? Stecken dahinter nicht Eigenliebe und Selbsterhöhung? Wird der Spiegel dadurch nicht zum Narzisstenspiegel?

Der Spiegel kann aber noch viel mehr als Erkenntnisse liefern. In der Psychologie bezeichnet der Begriff „Spiegelung“ die für die Entwicklung von Ich-Gefühl und Selbstwert enorm wichtige Interaktion zwischen dem Kind und seiner Mutter. Im Blick der Mutter werden dem Kleinkind die eigenen Bedürfnisse gespiegelt. Der berühmte Psychoanalytiker Heinz Kohut glaubt, dass das Selbstwertgefühl des Kindes vornehmlich durch den „Glanz im Auge der Mutter“ gestärkt werde. In den besorgten und bewundernswerten Augen der Mutter erkennt das Kind seinen Wert. In der Spiegelung erhält es Reflexionen über seine Gefühle, sein Verhalten und sein Aussehen. Die Spiegelung durch die wichtigste Bezugsperson ist für jeden Menschen eine absolut notwendige Entwicklungsbedingung.

In den letzten Jahren wurden von italienischen Gehirnforschern die sogenannten Spiegelneuronen oder Spiegelzellen entdeckt. Über diese läuft die sogenannte „intuitive Kommunikation", das heißt, mit ihnen können wir „fühlen, was du fühlst". Sie gelten als Grundlage der emotionalen Intelligenz, der Intuition und der Fähigkeit, lieben zu können. Man sieht in ihnen die Basis der Sprache, der Religion und der Kultur. In den Spiegelneuronen wird das empathische Bewusstsein entwickelt. Wenn sie erkranken oder ausfallen, wird der Mensch unfähig, mit seiner Umwelt zu kommunizieren. Er wird autistisch, er wird zum extremen Narzissten.

Wenngleich der Hype um die Spiegelneuronen zwischenzeitlich etwas abgeflaut ist und ihre Entdeckung nicht mehr als „Weltformel der Hirnforschung" gesehen wird, beweisen sie doch die Wichtigkeit des Spiegelns, selbst auf hirnorganischer Ebene.

Der Spiegel gibt immer eine Antwort – fast immer. In einem der berühmtesten Versuche der modernen Psychologie, dem Spiegelexperiment des Kybernetikers Gregory Bateson, hat er versagt. Der Meister des zirkulären Denkens wurde gefragt, welche Farbe wohl ein Chamäleon annehmen werde, wenn man es auf einen Spiegel setzt. Wenn dem Chamäleon tatsächlich das gelingt, was Narziss so sehr ersehnt hat, nämlich die Verschmelzung mit dem Spiegel. Behält es seine Ursprungsfarbe, entsteht eine schillernde Tönung, wird es in den Farbenwahnsinn getrieben oder nimmt es eine neue farbliche Identität ein? Der Versuch mit einem Spiegelkabinett konnte dies nicht klären. Warum nicht? Weil eine Vereinigung mit dem Spiegelbild nicht möglich ist. Schon Narziss ist daran zerbrochen.

Manchmal nimmt der Spiegel menschliche Züge an, er wird zum Gesprächspartner, Freund oder Feind, zum Ratgeber oder Richter. Am berühmtesten ist die Frage der bösen Königin im Märchen von Schneewittchen: „Spieglein, Spieglein an der Wand, wer ist die Schönste im ganzen Land?" Der Spiegel ist ein Wunderwerk, er hat die Funktion eines Analytikers, eines unbestechlichen Richters, ja sogar jene des Gewissens. Er gibt uns Erkenntnis und neue Perspektiven, wie wir sie in einer der verblüffendsten Interpretationen des Narziss-Mythos, von Oscar Wilde stammend, finden können. In der Szene „The Disciple“ schreibt er, wie sich der Teich, in dem sich Narziss gespiegelt hatte, nach dessen Ableben verwandelte. Aus einer Schale Süßwasser wurde eine Schale salziger Tränen. Die Nymphen kamen aus dem Wald, um für den Teich zu singen und ihm Trost zu spenden: „Es wundert uns nicht, dass du so sehr um Narziss trauerst, er war so schön.“ Erstaunt fragte der Teich: „War Narziss wirklich schön?“ Darauf die Nymphen: „Wer sollte dies besser wissen als du? An uns ging er ja immer vorüber, aber dich suchte er auf und blickte auf dich nieder. Im Spiegel deines Wassers wollte er seine eigene Schönheit spiegeln.“ Der Teich antwortete: „Ich habe Narziss nur geliebt, weil ich im Spiegel seiner Augen stets meine eigene Schönheit sah.“

* * *

Warum hat man den Spiegel der Erkenntnis dem Narren anvertraut? Weshalb erfahren wir erst dann die reine Wahrheit, wenn der Narr über den Spiegel bestimmt? Weil Kinder und Narren die Wahrheit sagen. Sie sind unverfälscht, offen, direkt, nicht verstellt und nicht diplomatisch. Ihr Blick ist nicht von Opportunismus, Rücksichtnahme, Unterwürfigkeit, Berechnung verfälscht, auch nicht durch das, was wir Takt nennen. Der Narr wird niemandem zur Konkurrenz, wir fühlen uns durch ihn nicht bedroht. Wenn wir seine Worte gar nicht ertragen, können wir uns immer noch damit trösten: „Er ist ja ein Narr.“ Dem Narr verzeihen wir, er muss sich nicht fürchten, er besitzt tatsächlich Freiheit. Und so heißen im süddeutschen Raum viele Blätter, in welchen während der Faschingszeit all das geschrieben werden darf, was man sonst verschweigen muss, „Narrenspiegel“.

Der Spiegel des Narren galt im Mittelalter als Zeichen der Selbstverliebtheit des Narren, seiner Eitelkeit, seines Stolzes, seiner Ignoranz gegenüber Gott, aber auch als Mittel der Selbsterkennt-

nis der eigenen Torheit und Hinfälligkeit, womit zugleich der Sinnzusammenhang zwischen Narrheit und Vergänglichkeit verdeutlicht wird. Und der Narr hält einer Welt voller Narren den Spiegel vor, damit sie darin ihre Verkehrtheit erkenne.

Was bewegt einen Autor, in die Rolle des Narren zu schlüpfen und seinen Mitmenschen einen Psychospiegel vorzuhalten? Vielleicht ist es das Privileg des Narren, dem man die Wahrheit zutraut. Möglicherweise die Sicherheit der Narrenrolle, die angeblich vor Strafe und Verfolgung schützt. Eventuell ist es ein Versuch der Bewältigung von eigenen Kränkungen und Frustrationen. Womöglich aber auch die Rache an den schnöden Mitmenschen, vielleicht der eigene Narzissmus. Aber keine Angst, der privilegierte Narr kommt nicht am Spiegel vorbei und erkennt in den Schwächen und Störungen seiner Mitmenschen sich selbst. Vielleicht ist der Narr der größte Narzisst, weil er sich herausnimmt, den anderen ihre Schwächen und Fehler aufzuzeigen, ihre Eitelkeiten zu spiegeln und dabei selbst unangreifbar zu bleiben.

Soll und kann man Selbstverliebtheit heilen? oder Therapie narzisstischer Störungen

Kann oder soll man narzisstische Störungen überhaupt heilen? Wenn narzisstische Reaktionen tatsächlich zur psychologischen Grundausstattung jedes Menschen gehören und in jedem von uns verankert sind, gibt es nichts zu analysieren, zu diagnostizieren oder zu therapieren. Behandlung einer Störung macht erst dann Sinn, wenn jemand darunter leidet, sei es der Betroffene oder seine Mitmenschen. Erst Leidensdruck und Leiden rechtfertigen eine Therapie.

Die beste Therapie ist immer die Vorbeugung, sei es die Primärprävention, in der das Auftreten überhaupt verhindert wird, oder sei es die Sekundärprävention, mit welcher weiterer Schaden unterbunden werden soll. Narzissmus-Vorbeugung ist wohl ein Ding der Unmöglichkeit, zumindest mit medizinisch-therapeutischen Methoden. Hier geht es vielmehr im Sinne der Eindämmung um eine Änderung der gesellschaftlichen Einstellung, um eine Verbesserung der emotionalen Intelligenz und um Weiterentwicklung der gesellschaftlichen Solidarität. Neben diesen wohl zu hohen Ansprüchen ließen sich Schritte wie Erziehungsberatung, allgemeinpsychologische Schulung und Förderung der Lebenskompetenz durch gezielte Programme eher verwirklichen.

Was kann von psychologisch-psychotherapeutischer Seite, gleichsam im Sinne allgemeinwirksamer Maßnahmen, dazu beigetragen werden? Mir scheinen ein anderer Umgang mit der Achtung der Menschen und ihrer Würde sowie eine Reflexion unserer Handhabung des Lobes recht bedeutsam. Obwohl Narzissmus viel mit Selbstachtung und Selbstlob beziehungsweise

Verachtung der anderen und Vorenthaltung des Lobes an andere zu tun hat, sind solche Maßnahmen nicht spezifisch für narzisstische Störung. Sie können aber neben einer allgemeinen Stärkung des Selbstwertes auch narzisstischen Tendenzen entgegenwirken.

Es scheint kein Zufall, dass in den letzten Jahren unter den psychotherapeutischen Verfahren besonders die sogenannte Achtsamkeitstherapie in den Vordergrund getreten ist. Sowohl die heute zu beobachtende „Ich-Inflation" als auch die Kälte der narzisstischen Gesellschaft erfordern mehr beachtenden und achtenden Umgang mit dem Einzelnen – in der Familie, in der Schule und am Arbeitsplatz, im gesellschaftlichen und politischen Leben, auch in Vorbeugung und Therapie.

Eine andere Möglichkeit zur Verbesserung des psychischen Klimas ist der rechte Einsatz von Lob. Der Narzisst hat zum Lob nur vordergründig ein positives Verhältnis. Er braucht diese positive Zuwendung, er will stets bewundert und gelobt werden, er ist gekränkt, wenn er nicht genügend Lob bekommt. Er fühlt sich unverstanden, wenn das Lob nicht seinen Erwartungen entspricht, er ist gierig nach Lob, er ist geradezu darauf angewiesen. Nie aber hat man das Gefühl, dass ihn Lob freut oder ihn lobende Worte innerlich berühren. Vielmehr erwartet er Lob mit Selbstverständnis, er kann sich gar nicht vorstellen, dass ihm dieses nicht gegeben wird. Lob ist für ihn kein Festschmaus, keine Spezialität, sondern alltägliches Brot. Das Lob, das der Narzisst provoziert, kommt nicht aus tiefem Herzen, sondern wird gegeben, weil man seiner unausgesprochenen Forderung nachkommen muss.

Lob und Bewunderung sind nahezu die einzigen Wege, um an den Narzissten überhaupt heranzukommen. Quasi das einzige therapeutische Fenster. Wer ihn nicht lobt, ist für ihn ein Gegner, gegen den er eine undurchdringliche Mauer aufbaut. Er wertet die Menschen nach der Art, wie sie ihn loben. Gleichzeitig verachtet er die Lobenden, sie dokumentieren durch das Lob ja ihre Unterlegenheit. Lobende Menschen sind für den Narzissten

Jubelknechte, keinesfalls ernst zu nehmende oder ebenbürtige Partner. So steckt der Narzisst in einem schweren Zwiespalt: Er braucht die lobenden Mitmenschen, gleichzeitig verachtet er sie. Er ist keinesfalls bereit, das Lob zu erwidern, dies wäre ja weit unter seiner Würde. Das einzige Lob, das er vielleicht gibt, ist jenes für das Lob. Wenn ihn jemand besonders intensiv oder originell gelobt hat, lässt er sich vielleicht einmal zu einem Lob des Lobenden herab.

Reziprok zum Bedürfnis nach Lob steht somit sein eigenes Vermögen, Lob auszusprechen. Lob würde ja bedeuten, einen Teil jener Bewunderung, die ausschließlich für die eigene Person reserviert ist, jemand anderem zukommen zu lassen. Die eigene Großartigkeit könnte Schaden nehmen, wenn ein anderer emporgehoben wird. Dies erlebt der Narzisst als Bedrohung und Kränkung, welche er nicht aushält. Das Wort vom Stein, der aus der Krone fallen könnte, trifft die Angst des Narzissten vor dem Lob anderer. Da er kein Einfühlungsvermögen hat, ist er gar nicht in der Lage, die Lobesbedürfnisse all seiner Mitmenschen zu erfassen. Die fehlende Empathie betrifft auch jenen Bereich, in dem der Mensch als lobesbedürftiges Wesen erkannt werden müsste.

Bleiben wir beim Lob. Es befriedigt ein Stück weit unsere narzisstischen Bedürfnisse in einem durchaus konstruktiven Sinn. Mit anderen Worten heißt das: Echtes Lob stärkt unseren gesunden Narzissmus und befriedigt ein Grundbedürfnis, ja ein Grundverlangen des Menschen.

Lob ist imstande, jeden Menschen jeden Alters und Charakters, jedes Kind und jeden Mann, gleich welcher Intelligenz und welchen Einkommens, zu berühren. Lob erreicht den Menschen in seinem tiefen Ich. Genauso wie der Mensch ein liebesbedürftiges Wesen ist, ist er voll Sehnsucht und Verlangen nach Lob, er ist eine lobesbedürftige Kreatur. *„Über den Tadel sind viele erhaben, aber niemand über das Lob“*. Jeder würde also lügen, wenn er sagt, dass ihm Lob nichts bedeute und dass dieses seinem Selbstbewusstsein, seinem Ego nicht guttue. Dabei ist die Grenze nach oben offen und die Dosis kaum einmal zu hoch, hat doch Bruno Kreisky zu den Journalisten einstens gebrummt: *„Sie können sich gar nicht vorstellen, wie viel Lob ich aushalte"*.

Lob ist ein Verstärker ersten Ranges, der allerdings entweder zu billig und inflationär oder – außerhalb der Werbeindustrie – viel zu wenig genutzt wird. „Nichts sagen ist Lob genug", ist falsch, vielmehr müsste es lauten: „Nichts sagen ist Tadel genug". Ohne Übertreibung kann man sagen, dass es nichts gibt, was einen Menschen mehr beflügelt, was ihm mehr Sicherheit gibt und was ihn besser vor Frustration und Resignation schützt als Lob. Lob ist sogar eine wirksame Medizin, ein Mittel der Prophylaxe und Heilung. Lob hat im Übrigen auch viel mit der Suchtmedizin zu tun, da sich Alkohol- und Drogenabhängige oft durch ihr Rauschmittel selbst zum großen, starken Mann hinaufloben, vielleicht, weil sie sonst im Leben viel zu wenig davon bekommen.

Lob ist etwas schwer Auszusprechendes. Im Gegensatz zum permanenten Verlangen nach Lob, zum steten Bedürfnis nach dieser Wohltat, steht unsere hohe Hemmschwelle, ein Lob auszusprechen. Der berühmte Philosoph und Kriminologe Paul Johann Anselm von Feuerbach (1775–1833) hat treffend gemeint: *„Kritisieren ist leicht, deshalb üben sich alle darin. Loben ist schwer, darum tun es so wenige"*.

Wann haben Sie Ihre Frau, Ihren Mann, Ihr Kind oder Ihren Mitarbeiter das letzte Mal gelobt? Machen wir ein psychologisches Experiment und entsinnen uns des letzten von uns tatsächlich ausgesprochenen Lobes. Ihre Antworten werden, wenn es die Kinder betrifft, wohl lauten: „Ich habe eh nicht geschimpft", oder gegenüber der Gattin: „Ich habe eh alles gegessen", oder Sie würden, wenn Sie des Nichtlobens ertappt sind, vielleicht entschuldigend meinen, Sie wollten ohnehin schon oft loben, haben aber irgendwie darauf vergessen.

Lob ist aber auch Beschämung. Wir tun uns nicht leicht und zieren uns deshalb äußerlich, wenn wir das ersehnte Lob endlich empfangen. Wenn wir sagen, wir hätten es nicht verdient und anderen wäre viel mehr zugestanden. Warum ist das so? Vielleicht gibt uns der erste asiatische Nobelpreisträger, der Schriftsteller-philosoph Rabindranath Tagore die Antwort, wenn er meint: *„Dein Lob beschämt mich, denn heimlich habe ich darum gebettelt"*, womit er die tiefe, aber tabuisierte Sehnsucht nach Lob anspricht. Lob führt jedoch manchmal auch zum Übermut, denn *„die einen werden durch Loben schamhaft, die anderen frech"*. Und manche narzisstisch.

Die eigentliche Therapie narzisstischer Störungen hat mit zwei Problemen zu kämpfen: Zum einen weigert sich wohl keine Patientengruppe derart radikal gegen jegliche Beratung und Therapie wie Narzissten. Der Narzisst fühlt sich ja nicht krank, schon gar nicht behandlungsbedürftig. Er ist ja intelligenter, stärker, gesünder und in jeglicher Hinsicht besser als der Rest der Menschheit. Therapie annehmen hieße für ihn, Schwäche und Hilfsbedürftigkeit zuzugeben – völlig unerträgliche Gedanken. Narzissten entwerten Therapeuten und Therapieformen, sie würden allenfalls einen weltweit anerkannten Experten und die allerneueste Therapie von der Stanford University zulassen.

Zum anderen sind die therapeutischen Möglichkeiten – dies muss man in aller Bescheidenheit zugeben – bei narzisstischen Störungsbildern beschränkt, so wie bei allen Persönlichkeitsstörungen. Eine ursächliche Heilung ist wegen der nicht klaren, vielwurzeligen Ursachen nicht möglich. Als Therapieziel können deshalb lediglich ein besserer Umgang mit den unbeeinflussbaren narzisstischen Tendenzen und die Entwicklung von Bewältigungsstrategien angestrebt werden.

Ein narzisstisch schwer gestörter Ehemann wurde von seiner Gattin, die er wegen Kleinigkeiten wiederholt massiv geschlagen hatte, vor die Alternative Therapie oder Trennung gestellt. Widerwillig kam er zum Erstgespräch, zeigte sich demonstrativ uninteressiert und verweigernd. Er ließ jegliches Problembe-

wusstsein vermissen und antwortete – wenn überhaupt – nur äußerst knapp. Nach vergeblichen Bemühungen, mit ihm ins Gespräch zu kommen und eine therapeutische Beziehung aufzubauen, verließ er demonstrativ gekränkt und grußlos die Ordination. Am folgenden Tag teilte die Gattin, sich zwischenzeitlich wieder ganz unterordnend, im Auftrag ihres Mannes dem Therapeuten mit, für diesen komme eine weitere Behandlung unter keinen Umständen infrage. Der Therapeut habe nicht einmal Krawatte, geschweige denn einen weißen Mantel getragen, was ihn fachlich völlig disqualifiziere. Wie könne der sogenannte Therapeut nur auf den Gedanken kommen, dass sich ihr Mann jemandem mit offenem Hemdkragen und schmuddeligem Sakko anvertrauen werde? Offensichtlich kenne der Therapeut nicht einmal die neueste Untersuchung aus London, wonach Therapeuten mit Krawatte in der Therapie viel erfolgreicher seien als die leger gekleideten. Übertroffen werden diese nur noch von Spitzenleuten, welche selbstverständlich Krawatte und weißen Mantel tragen.

Psychotherapeutische Interventionen bei Narzissten stellen für Patienten und Behandelnde eine ähnlich große Herausforderung dar. Die Therapeuten müssen sich höchst anspruchsvollen, psychologisch mit vielen Wassern gewaschenen Patienten stellen, deren erstes Ziel darin liegt, den Behandelnden zu entwerten und sich der Therapie zu entziehen. Es erfordert ein hohes Maß an Selbstsicherheit, Frustrationstoleranz, Erfahrung und Gelassenheit, um sich der mit Abwertung und Destruktion gespickten Angriffs-Verteidigungstaktik des Narzissten zu stellen. Im Gegensatz zur körperlichen Medizin, in welcher Leidensdruck und Therapiemotivation in aller Regel sehr groß sind, hat man es in der Narzissmusbehandlung mit uneinsichtigen, abwertenden und verweigernden Menschen zu tun. Ebenso muss der Therapeut mit den enormen manipulatorischen Fähigkeiten des Narzissten zurechtkommen.

Wenn dann einmal eine Behandlung in Gang kommt, gelangen überwiegend gesprächstherapeutische, psychoanalytische und immer häufiger auch kognitiv-verhaltenstherapeutische Techniken zum Einsatz. Meist wird es aber erforderlich sein, nicht schematisch vorzugehen, sondern verschiedene Methoden miteinander zu kombinieren. Gefragt sind Methodenvielfalt, therapeutische Flexibilität und ein hohes Maß an Pragmatismus. Besonders wichtig für das gute Gelingen sind ständige Beachtung von Übertragung und Gegenübertragung, von klarer gegenseitiger Abgrenzung und eine am besten schriftlich geschlossene Übereinkunft zur Wahrung des gegenseitigen Respekts.

Jegliche Therapie des Narzissmus muss behutsam durchgeführt werden. Nicht nur, weil Behutsamkeit das Gegenteil von narzisstischem Agieren ist, sondern weil zu radikales Vorgehen den Narzissten in gefährlicher Weise entblößen und hilflos machen würde. Behutsamkeit ist aber auch beim Einsatz narzisstischer Verstärkungen angezeigt, damit nicht durch eine Überdosis der Selbstwert über sich hinauswächst.

Das Bewundern von rohen Eiern oder Regeln im Umgang mit Narzissten

Der Umgang mit narzisstisch gestörten Personen ist etwas vom Schwierigsten im menschlichen Zusammenleben überhaupt. Narzissmus in seiner Reinform hat nichts Konstruktives mehr an sich, sondern ist eine durch und durch destruktiv wirkende Kraft. Begegnungen mit narzisstischen Menschen fordern einiges an Toleranz, Gelassenheit und psychischer Energie. Mit narzisstischen Menschen gar zusammenarbeiten oder zusammenleben zu müssen, kann zur nicht enden wollenden Qual, zu einem jahrelangen Negativ-Stress werden. An der Therapie narzisstischer Störungen beißen sich, dies wurde bereits betont, selbst erfahrene Ärzte und Psychologen ihre Zähne aus.

Die in neuerer Zeit auch wissenschaftlich nachgewiesene zahlenmäßige Zunahme narzisstischer Menschen, das Überhandnehmen narzisstischer Verhaltensweisen und Darbietungen sowie letztlich auch die immer narzisstischer werdende gesellschaftliche Stimmung zwingen uns, mit dem Narzissmus in all seinen facettenreichen Erscheinungen zurechtzukommen. Gestatten Sie mir deshalb, Ihnen gegen Ende dieses Buches einige Regeln zum Umgang mit Narzissten zu geben. Diese sind nicht als Kochrezepte oder fertige Lösungen zu verstehen, vielmehr als psychologische Gebrauchsanweisungen und als Verhaltensvorschläge, die es Ihnen erleichtern sollen, den Narzissmus Ihrer Mitmenschen möglichst unbeschadet zu überstehen und den allgemeinen gesellschaftlichen Narzissmus gelassener zu ertragen. Die Regeln resultieren aus den vielen wissenschaftlichen Erkenntnissen, die zum Narzissmus vorliegen, aus dem Wissen eines Gerichtspsychiaters und

Psychotherapeuten, aber auch ganz entscheidend aus den zwischenmenschlichen Erfahrungen des Autors. Keinesfalls können sich die zehn Regeln der Vollständigkeit, schon gar nicht der Vollkommenheit erfreuen, da dem vielfältigen, schillernden und faszinierenden Phänomen des Narzissmus nie Genüge getan werden kann. Verstehen Sie die Regeln deshalb vielmehr als Anregung, auf Basis einiger psychologischer Grundgesetze eigene Strategien zu entwickeln.

1. **Erkennen Sie den Narzissmus:**
   Bei den klassischen Formen, etwa beim grandiosen oder ständig gekränkten Narzissten, ist dies kein Problem. Schwieriger wird es bei den versteckten oder verstellten Narzissmusarten, etwa beim angepassten, konstruktiven oder ängstlichen Typ. Hier dauert es oft lange, allzu lange, bis das Narzisstische erkannt wird. Umso schwieriger ist es, damit umzugehen und sich davon zu lösen. Seien Sie deshalb wachsam in der Beachtung narzisstischer Persönlichkeitszüge und Verhaltensweisen. Die Chance, bei Ihren Mitmenschen und in unserer Gesellschaft fündig zu werden, war noch nie so groß. Vermuten Sie den Narzissmus nicht in psychologischen Lehrbüchern, philosophischen Traktaten und künstlerischen Werken. Orten Sie ihn nicht auf der Couch des Analytikers oder in psychiatrischen Kliniken, suchen Sie ihn bei Ihrem Nächsten. Die Trefferquote steigt ständig.

2. **Unterliegen Sie nicht der Faszination:**
   Narzissmus zieht an, narzisstisches Verhalten verführt intensiv zur Nachahmung. Der Narzisst vermittelt ja ein großartiges Bild von Erfolg, Schönheit, Einzigartigkeit und Ruhm. Wer möchte nicht ein Stück davon für sich selbst haben? Wenn wir vom Narzissten ständig hören, wie klug seine Überlegungen, wie wegweisend seine Ideen, wie toll seine Leistungen sind, kann dies faszinieren, ebenso die absolute Sicherheit

seines Auftretens und die Unbeirrbarkeit seiner Überzeugungen. Nachdem Narzissten oft tatsächlich erfolgreich sind, berufliche Karriere machen und überdurchschnittlich häufig Führungsfunktionen erreichen, kann gerechtfertigte Bewunderung oft nicht unterdrückt werden. Da egozentrisches, rücksichtslos auf Erfolg orientiertes Verhalten immer mehr gesellschaftliche Anerkennung findet, ist ein gewisses Nachahmungsbedürfnis gar nicht zu verhindern. Bedenken Sie schließlich, dass der unbewusste Übertragungsmechanismus der „Identifikation mit dem Aggressor" dazu führen kann, dass man sich – ob man will oder nicht – auch mit primär unsympathisch erscheinenden Meinungsmachern und Führungstypen identifiziert.

3. **Lösen Sie sich aus der Aura:**
Viel gefährlicher als die Faszination sind die Forderungs-, Schuld- und Unterwerfungsgefühle, die der Narzisst bei seinen Mitmenschen hervorruft. Wir reagieren auf die Großartigkeit des Narzissten nicht nur mit dem Gefühl eigener Minderwertigkeit, sondern fühlen uns irgendwie verpflichtet, seinem Bewunderungsdruck, seiner Forderung nach Applaus nachzukommen. Ohne ein Wort versteht er dies mit so großem Selbstverständnis zu verlangen, dass wir fast nicht anders können, als ihm den Gefallen zu erweisen. Menschen in der Umgebung von Narzissten fühlen sich ständig irgendwie verpflichtet und in irgendeiner Weise schuldig. Grandiose Narzissten verlangen Verehrung, konstruktive Gefolgschaft, kompensatorisches Lob. Der Wüterich will Unterwerfung und der Gekränkte erwartet sich permanenten Trost und ständiges Lob. Der parasitäre Narzisst lässt in uns das unwillkürliche Bedürfnis entstehen, ihn zu unterstützen und ihm zu helfen. Der Narzisst ist ein Meister in der ihm oft selbst unbewussten Anwendung dieser Gefühle. Mit sicherem Instinkt spürt er, wo er seine Mitmenschen erreichen, wie er sie mani-

pulieren und wie in seinem Sinn ausnützen kann. Deshalb ist es unabdingbar, sich dieser Übertragungen und Gegenübertragungen bewusst zu werden und zu erkennen, dass der Narzisst allein gar nicht existenzfähig ist. Schon das Wesen des Spiegels beruht auf Reflexion, auf Zurückgeben. Die narzisstische Aura hat also auch mit uns zu tun. Es ist wichtig, diese vom Narzissten ausgehende emotionale Macht zu erkennen und das Spiel mit unseren eigenen Verpflichtungsgefühlen nicht mitzumachen.

4. **Bewahren Sie Autonomie:**
   Es genügt nicht nur, den Narzissten zu erkennen und sich seinem Einfluss zu entziehen. Vielmehr muss man selbst einen Standpunkt einnehmen und sich Raum geben. Der Narzissmus kann unmäßig werden, er saugt die Verpflichtungsgefühle des anderen auf, breitet sich immer mehr aus und erdrückt uns mit seiner Präsenz und Macht. Deshalb soll man sich seiner eigenen Stärke bewusst sein, seine Standpunkte mit demselben Selbstverständnis verteidigen und sich in höflicher, aber bestimmter Form abgrenzen. Die Unmäßigkeit und Unverschämtheit des Narzissmus verlangt nach Regulierung und nach Aufzeigen der Grenzüberschreitungen. Eine starke Persönlichkeit wird nie mit dem Strom schwimmen, auch nicht mit jenem des Narzissten.

5. **Blicken Sie hinter die Fassade:**
   Wenn Sie narzisstisches Verhalten erkennen und über dessen eigentliche Ursachen Bescheid wissen, ist die Begegnung mit einem Narzissten wesentlich erträglicher. Sie geschieht nunmehr aus einer überlegenen, weil wissenden Position. Dinge zu erkennen heißt immer, ihnen den Schrecken zu nehmen. Analysiert zu werden heißt, Macht zu verlieren. Selbstverliebtes Auftreten wirkt plötzlich nicht mehr ärgerlich, sondern mitleiderregend. Besonders, wenn man die zugrunde liegenden Minderwertigkeitskomplexe bedenkt. Egozentrisches

Agieren verliert beim Blick auf das dahinterstehende schwache Ich seine Brisanz. Betrachtet man den chronisch Gekränkten als dünnhäutigen, sensiblen, extrem verletzlichen Menschen, wird man ihm allenfalls aus der Position des Tröstenden begegnen wollen. Das Haschen nach Aufmerksamkeit und Anerkennung ist, psychologisch betrachtet, ein Schrei nach Liebe. Ein weinendes, vielleicht zorniges Kind wirkt viel weniger bedrohlich als ein egomanischer Wüterich.

6. **Spiegeln Sie:**
Schlagen Sie den Narzissten mit seiner eigenen Waffe, mit dem Spiegel. Halten Sie ihm allerdings ein reales, kein verzerrtes und geschöntes Spiegelbild vor. Spiegeln Sie mit Wiederholungen pointierte Aussagen, dann werden sie peinlich oder lächerlich. Etwa: „Finden Sie das wirklich großartig?" oder „Aha, das ist also Ihre größte Leistung?" oder „Ich frage mich gerade, wie viele andere Menschen das auch schon erlebt haben?"
Die wirksamste Art des Spiegelns sind direkte Fragen, etwa: „Merken Sie nicht, dass Sie da etwas übertreiben?" Oder: „Spüren Sie nicht, dass Sie jetzt eine Grenze überschritten haben?" Halten Sie dem Narzissten den Spiegel aus einer anderen Perspektive vor. Fragen Sie ihn, ob seine Großartigkeit auch in den USA bekannt ist, ob man über seine Leistungen noch in zehn Jahren sprechen wird und ob die Zeitungen schon über ihn berichtet haben. Manchmal ist er intelligent genug, um die Lächerlichkeit seines Imponiergehabes zu erkennen. Seien Sie vorsichtig mit Ironie und Sarkasmus. Der Narzisst wird dies fast immer erkennen und darauf gekränkt reagieren. Er verträgt keinen Spott, er vergisst nicht, er verzeiht nicht. Narzissten sind in aller Regel humorlose Gesellen.

7. **Diskutieren Sie abstrakt über Narzissmus:**
Sagen Sie all das, was Sie dem Narzissten am liebsten ins Gesicht schreien würden, auf eine abstrakte Weise. Keinesfalls:

„Du bist narzisstisch … Du bist ein Egoist … Du stinkst vor Eigenlob!“, sondern vielmehr: „Besonders unangenehm sind mir narzisstische Menschen … In unserer Gesellschaft soll es immer mehr Egoisten geben … Überhaupt das Peinlichste ist das Eigenlob …“.

Erklären Sie sich zum Experten für Narzissmus, beschreiben Sie seine wesentlichen Elemente und nehmen Sie den Narzissten mit auf die analytische Reise: „Hast du schon gehört, dass Narzissten eigentlich sehr selbstunsicher sind? Die Psychologen behaupten, hinter der großartigen Selbstdarstellung stehe nur Versagensangst.“ Der narzisstische Mensch wird in ein schwieriges Dilemma kommen: Entweder muss er sich als Ignorant outen oder die Schwelle überspringen und sich selbst in Ihren Äußerungen erkennen.

8. **Gönnen Sie ein rechtes Maß an Lob:**
Der Narzisst ist süchtig nach Lob, er braucht dies wie der Säugling die Muttermilch. Ein Leben ohne Lob ist ihm unerträglich, bezüglich Lob kann er nicht aufhören und nie genug kriegen. Wenn Sie ihm dieses mit absoluter Konsequenz vorenthalten, werden Sie mit ihm nie ins Gespräch kommen, werden Sie ihn nie erreichen, werden Sie das „therapeutische Fenster“ nicht finden. Er wird Sie nicht anerkennen. Das Lob muss aber echt und authentisch sein. Wenn Sie übertreiben, unterwerfen Sie sich seiner Oberflächlichkeit. Wenn Sie es unterdosieren, wird er Sie als berechnend und gefährlich erleben. Der Narzisst kann bei konstruktivem, echtem Lob vielleicht lernen, Zuwendungen generell anders einzuschätzen. Authentisches Lob ist ein Verstärker ersten Ranges und schafft eine gute Übertragung. Außerdem nimmt der Lobende eine Autoritätsposition ein, der Narzisst wird sie unbewusst anerkennen. Bleiben Sie aber vorsichtig, behandeln Sie ihn wie einen Süchtigen auf Entzug mit der rechten Dosis.

9. **Zeigen Sie Grenzen auf:**
   Es ist wie in der Erziehung: Der Narzisst braucht Grenzen. Dies reduziert seine Expansionsgelüste und vermittelt ein besseres Gefühl für seine Möglichkeiten. Grenzen geben Sicherheit, Schutz und Orientierung. Seien Sie dabei nicht grob und schroff, sondern behutsam und konsequent. Der Narzisst wird in Ihnen unbewusst seinen Erzieher sehen, Sie haben für ihn eine autoritäre Position. Den Gegenangriffen müssen Sie allerdings geschickt ausweichen.

10. **Meiden und flüchten Sie:**
    Bei manchen Narzissten hilft nur eines: Einen großen Bogen um sie machen und möglichst rasch flüchten. Dies trifft besonders für den Wüterich, den Bösartigen und den Parasitären zu. Alle Versuche, mit ihnen zu diskutieren und sie zu ändern, sind zwecklos. Hüten Sie sich vor der (narzisstischen) Rolle des Narzissmus-Therapeuten. Sie werden sich eine Menge Ärger ersparen, wenn Sie sich gar nicht auf Ihr narzisstisches Gegenüber einlassen. Ihre Lebensqualität wird einen Quantensprung machen, sobald Sie sich von ihm trennen. Und zwar mit möglichst großer Distanz.

Die Narzisstengalerie

„Der Narzissmus trägt viele Masken: Heiligkeit, Pflichtbewusstheit, Freundlichkeit und Liebe, Bescheidenheit und Stolz. Er reicht damit von der Haltung eines hochmütigen und arroganten Menschen bis zu der einer bescheidenen und unaufdringlichen Person", schreibt der berühmte Psychoanalytiker Erich Fromm in seinem Werk „Die Antwort der Liebe". Damit weist er auf die verschiedenen psychologischen Ausgestaltungen der narzisstischen Störung hin. Da die narzisstischen Anteile bei jeder Persönlichkeit unterschiedlich gewichtet sind und von jedem Menschen anders ausgelebt werden, gibt es so viele Narzissmustypen, wie es Menschen gibt. Allerdings lassen sich einige Grundformen erkennen, in denen die vier Hauptelemente des Narzissmus – Egozentrizität, Empfindlichkeit, Empathiemangel, Entwertung – in mehr oder weniger einheitlicher Konstellation verteilt sind. Jenseits der klinischen Einteilung in gesunden, kranken und bösartigen Narzissmus oder der diversen wissenschaftlichen Klassifizierungen können für den alltäglichen Gebrauch – sprich den Umgang mit unseren Mitmenschen – folgende Haupttypen beschreiben werden. Wie es sich für Narzissten gehört, soll deren Charakterisierung nicht durch trockene Definitionen erfolgen, sondern in einer Galerie ihren rechten Platz finden.

1. **Der Grandiose:**
   Der klassische Typ des Narzissten, auch der „Elitäre" genannt. Wenn wir das Stichwort „Narzisst" hören, erscheint er unmittelbar vor unserem Auge: selbstherrlich, großspurig, arrogant und rücksichtslos. Kommt er zur Tür herein, zieht er alle Blicke auf sich und nimmt sofort den ganzen Raum ein –

angeberisch, selbstbezogen und süchtig nach Bewunderung. Der klassische „Egomane". Für ihn gibt es nur zwei Gesprächsthemen: sich und seine Taten. Was er tut, ist einzigartig, was er denkt, genial, was er erlebt hat, sensationell. Er kennt Gott und die Welt, aber viel wichtiger: Alle kennen ihn. Die Zuhörer sind reine Statisten, für ihn scheinbar gar nicht existent, zumindest erscheinen alle anderen blass. Obwohl er es selbst nicht weiß, ist er zu hundert Prozent von seinen Bewunderern abhängig. Ohne diese wäre er nur eines: nichts.
Tipp: Wenn Sie ihm begegnen, seien Sie sich Ihrer eigenen Wichtigkeit bewusst!

2. **Der Beleidigte:**
Anders als verstimmt, gekränkt und gereizt hat man ihn noch nie gesehen. Wer ihm begegnet, ist sich ganz sicher, ihn beleidigt zu haben, weiß aber nicht, womit. Er ist ein Meister des verbitterten Schweigens und der in sich gekehrten, nach außen immer wieder aufflackernden Wut. In seiner Nähe beschleichen uns sofort Gefühle der Verunsicherung und der Schuld. Man hat Angst vor diesem humorlosen Gesellen, weil man ihm blutige Rache für nicht begangenes Unrecht zutraut. Psychiatrisch nennt man ihn „gehemmt aggressiv", will heißen: In seinem Innern brodelt es ständig, er kann dies nach außen nur mit Mühe unterdrücken. Es ist eine Frage der Zeit, bis der Vulkan ausbricht. Häufig anzutreffen unter Amokläufern, Massakristen und Magenkranken. Seine Spezialitäten sind Schweigen, Zynismus und Querulanz.
Tipp: Stimmen Sie ihm in allem zu und suchen Sie so rasch wie möglich das Weite!

3. **Der Demütige:**
Keiner ist zurückhaltender, anspruchsloser und bescheidener. Er begegnet uns mit unterwürfiger Haltung und gesenktem Blick. Am liebsten würde er sich im Büßergewand bewegen,

das Haupt bestäubt mit Asche. Alles, was nach Luxus und Vergnügen riecht, ist ihm ein Gräuel, selbst ein Lacher erzeugt Missmut. Anspruchslosigkeit ist sein Ideal. Wenn jemand dagegen verstößt, zum Beispiel etwas fordert oder seine Wünsche durchsetzt, reagiert er tief gekränkt. Er beherrscht die anderen Menschen, indem er niemandem etwas gönnt, nicht einmal sich selbst. Verzichten ist das oberste Gebot, in welchem es allerdings nur eine einzige Person zur Meisterschaft gebracht hat: er selbst. Darin lässt er sich von niemandem übertrumpfen. Alle, die es versuchen, sind ihm bedrohlich. Alle, die es nicht schaffen, verachtet er. Seine schlimmsten Feinde sind egoistische, arrogante, anspruchsvolle, sich selbst erhöhende Personen – also die anderen Narzissten.
Tipp: Befassen Sie sich mit ihm nur, wenn Sie büßen wollen!

4. **Der sozial Angepasste:**
Ist intelligent genug, um seine Selbstherrlichkeit weniger zur Schau zu stellen. Kann seine Selbstliebe und seine Kränkbarkeit gut maskieren. Wirkt umgänglich, in Gesellschaft unterhaltsam und charmant, macht anfangs einen sympathischen Eindruck. Er schafft es aber auf Dauer nicht, seine narzisstischen Tendenzen zu zügeln. Sieht sich in der Rolle des einzigartigen Fachmanns und absoluten Experten, dessen Meinung die einzig richtige und dessen Rat unverzichtbar ist. Reagiert schwer gekränkt, wenn dies nicht erkannt wird. Klassischer Typ dessen, der gebeten werden will, aber schwer beleidigt ist, wenn man dies nicht tut. Seine Spezialitäten sind „Fishing for Compliments“ und Strippenziehen im Hintergrund. Alles mit einem einzigen Ziel: seine Einzigartigkeit im gesellschaftlichen Allgemeinwissen zu verankern. Schlägt in der Stimmung rasch um und kann von einem Augenblick auf den anderen kalt, rigoros, unangenehm und bösartig werden. Angeblich in beamteten Führungspositionen zu finden. Pflegt Umgang mit hochgestellten Persönlichkeiten und umgibt sich gerne mit

den besten Fachleuten, sonnt sich in deren Glanz, entwertet sie aber sofort, wenn sie seinen Erwartungen nicht entsprechen oder ihn nicht genug anerkennen.
Tipp: Nie mit ihm in Infight gehen, allenfalls ins Sparringstraining.

5. **Der Konstruktive:**
Auch der „Fröhliche“ genannt. Er ist vielseitig begabt, hat oft außergewöhnliche Fähigkeiten – und er weiß dies ganz genau: „Ich darf ruhig zeigen, wie großartig ich bin.“ Der konstruktive Narzisst ist kreativ, überaktiv, optimistisch, meist witzighumorvoll und strotzt vor Selbstvertrauen. Mit seiner sprühenden Energie und seinem beharrlichen Ehrgeiz versteht er es, andere Menschen zu motivieren und mitzureißen. Er definiert sich und die Mitmenschen über Leistung und Qualität, nicht nach Sympathie. Liebt die Rollen des gefragten Experten, des abgeklärten Meisters, des ewig jungen Ideengebers oder des allseits geachteten Mentors. Seine Achillesferse sind Kränkbarkeit und Unversöhnlichkeit. Dies wird jenen, die seine Verletzlichkeit unterschätzen, zum Verhängnis. Sie können nicht begreifen, wie sehr sich ein nach außen so selbstbewusster Mensch durch einen Scherz, eine ironische Bemerkung oder eine leise Kritik derart irritieren lässt. Wie alle Narzissten fürchtet er Tadel wie der Teufel das Weihwasser, reagiert dann meist ungehalten. Er ist aber schlau genug, konstruktive Reflexionen zu berücksichtigen. Seine Macht liegt in seinem Affekt und seinem Charme. Weh denen, die sich dem widersetzen.
Tipp: Mit Lob nicht sparsam sein!

6. **Der Fanatische:**
Kein angenehmer Zeitgenosse. Für ihn gibt es nichts als seine Überzeugung und die dahinterstehende Person: sich selbst. Hat missionarische und kämpferische Züge. Völlig kompro-

misslos, zu keiner Selbstreflexion und keiner Relativierung der eigenen Position fähig. Das niedrige Selbstwertgefühl wird durch eine großartige Idee, die eigene Bedeutungslosigkeit durch Omnipotenzillusionen kompensiert, ja überkompensiert. Der Fanatismus macht sein langweiliges Leben erst spannend. In seiner Meinung ist er völlig kompromisslos, mit Andersdenkenden gnadenlos. Widerspruch wird nicht geduldet, andere Überlegungen sind verboten, jeder Zweifler ist ein Feind. Toleranz, Selbstironie und Humor sind ihm bedrohlich. Mit absoluter Selbstverständlichkeit wird er Ihre Zeit ungefragt in Anspruch nehmen und Sie über die Wichtigkeit seiner Erkenntnisse allumfassend informieren. Differenziertheit und Relativierung sind nicht seine Stärken. Hauptvertreter sind die religiösen und politischen Fanatiker, am gefährlichsten die Kampffanatiker. Auf Versammlungen und Tagungen als sich selbst einladende, nicht enden wollende Redner gefürchtet.
Tipp: Widersprechen Sie nie!

7. **Der Wüterich:**
Typ des draufgängerischen, rücksichtslosen und berechnenden Egomanen. Sensibilität und Empathie sind ihm fremd. Er zeichnet sich durch seinen Hang zur Großartigkeit in allen Dingen aus. Er legt Wert auf Statussymbole wie Luxuskarossen und teure Uhren. Braucht neben dem Geländewagen noch einen Zweisitzer mit offenem Dach. Er verlangt sein ganzes Leben hindurch nach Sonderbehandlung, nimmt jeden Vorteil mit Selbstverständnis in Anspruch und fordert Privilegien ein. Er provoziert gerne, handelt rücksichtslos und impulsiv. Sein Motto lautet: Drüberfahren. Typ des reichen Unternehmers, der nach schlechter Bedienung im Hotel den ganzen Laden kauft und dann das gesamte Personal entlässt.
Tipp: Sehen Sie hinter ihm das hilflose Kind, interpretieren Sie sein Brüllen als verzweifeltes Weinen!

8. **Der Bösartige:**
   Nicht nur unter Diktatoren und Serienkillern zu finden. In milder Form auch unter Vorgesetzten, Ehepartnern und ganz normalen Mitmenschen. Allerdings nicht ganz einfach, da er äußerlich oft als „graue Maus“ lebt. Man erkennt ihn am besten an seinem Zynismus, seiner auf Gemütsarmut hindeutenden Freudlosigkeit. Bekannt sind zwei Typen: Einerseits der Impulsive, welcher sich leicht irritieren lässt und auf Emotionen heftigst reagiert. Andererseits der Organisierte, welcher seine grauenhaften Fantasien und sadistischen Strebungen nach außen gut verbergen kann. Wenn diese aber einmal durchbrechen, gibt es keine Dämme mehr. Bösartige Narzissten sind geborene Menschenkenner und naturbegabte Psychologen. Sie treten zuvorkommend und umgänglich auf, wahren lange Zeit Anstand und Regeln und werden als unauffällig geschildert. Ihre manipulative Kraft ist einzigartig.
   Tipp: Hüten Sie sich vor dem „Charme des Psychopathen“!

9. **Der Parasitäre:**
   Gehört zu den passiven Formen. Er versteht es extrem gut, andere auszunutzen. Lässt sich immer einladen, kommt als ungebetener Gast, erbringt nie Gegenleistungen. Beruflich hat er meist versagt, Arbeit ist nicht seine Stärke. Meist erzählt er rührselige Geschichten, wie schlimm ihm das Leben mitgespielt hat, welch entsetzliche Krankheiten er durchgemacht und mit welch bösartigen Menschen er stets zu tun hat. Potenzielle Opfer erkennt er instinktiv, lädt sie auf einen Kaffee ein, lässt die „Gäste“ aber bezahlen. Hat nicht im Geringsten Gewissensbisse, wenn er auf Kosten anderer Menschen lebt und diese aussaugt bis auf den letzten Tropfen. Wenn es nichts mehr zu holen gibt, zieht er weiter.
   Tipp: Teilen Sie ihm mit, wie sehr Sie sich auf seine nächste Einladung freuen!

10. **Der Amouröse:**
Auch als der „Verführerische“ oder „Exhibitionistische“ bezeichnet. Alles an ihm ist oberflächlich, die Gefühle sind gespielt, die Sprache geziert, sein Charme berechnend. Kann keiner Frau begegnen, ohne dass Knistern in der Luft liegt. Er ist ein Meister im Inszenieren erotischer Spannungen. Typ des Don Juan und des Womanizers. Sieht in den Mitmenschen nur Objekte, die es zu verführen gilt. Versteht es, die unzähligen gescheiterten Beziehungen als „Erfahrungsschatz sondergleichen“ darzustellen. Typ des Exhibitionisten, der alles und jedes gezielt zur Schau stellt. Zu tiefen Beziehungen ist er nicht fähig. Entspricht am ehesten der hysterischen Persönlichkeitsstruktur. Oberster Grundsatz: „Mehr scheinen als sein“.
Tipp: Statt ihn zu attackieren, richten Sie mit dem heiligen Franz von Assisi ein Stoßgebet zum Himmel: „Gelobt seist Du, oh Herr, mit allen Deinen Kreaturen!“

11. **Der Kompensatorische:**
Tritt nach außen hin betont sicher auf, leidet aber an versteckten Minderwertigkeitsgefühlen. Oft rühren diese von einem tatsächlichen oder vermeintlichen Handicap her. Dies müssen nicht nur körperliche Leiden sein, es kann sich auch um psychische Probleme, um Minderwertigkeitsgefühle, Versagensängste oder Potenzschwierigkeiten handeln. Ist immer bestrebt, seine Schwäche zu verbergen und auf einem anderen Gebiet Bestleistungen zu erbringen. Oft schießt er mit seinen Versuchen über das Ziel hinaus. Wirkt strebsam, engagiert, zielgerichtet. Handelt nie frei, steht immer unter Zwang, legt meist einen enormen Fleiß an den Tag. Klassischer Typ des „Profilierungsneurotikers“.
Tipp: Kränken Sie ihn nicht, denn Gott vergibt, ein Narzisst aber nie!

12. **Der Perfektionistische:**
Auch als „verborgener“ Narzisst bezeichnet. Er leidet innerlich unter schwerem Selbstwertgefühl und lebt in der ständi-

gen Angst, zu versagen, beruflich zu scheitern oder krank zu werden. Er ist ängstlich, zwanghaft, extrem genau, muss sich ständig absichern. Reagiert auf Anwürfe sofort verletzt, ist in allem sehr berechnend. Schart unkritische Mitarbeiter um sich, duldet in seiner Nähe kaum selbstbewusste Menschen. Entscheidungen werden immer wieder hinausgezögert, alle Probleme werden endlos besprochen, Risiko ist ihm ein Gräuel. Er verbreitet um sich eine Atmosphäre der freudlosen Kontrolle, der Langeweile und der Unlust.
Tipp: Nützen Sie unvermeidliche Begegnungen zur Übung in Gelassenheit!

13. **Narziss der Große:**
    Die Vollendung des Narzissmus, das narzisstische Gesamtkunstwerk. Alle vorher genannten Typen zusammen. Ist derart von sich eingenommen, dass man ihn nicht einmal mehr kränken kann. Alles gleitet an seiner Großartigkeit ab, nichts mehr erreicht ihn. Wenn er einem anderen großen Narziss begegnet, gibt es Krieg. Er wird von einer einzigen Angst geplagt: Dass es irgendwo Narziss den Größten gibt.
    Tipp: Wenn Sie ihn von seinen großen Geschäften erzählen hören, stellen Sie sich ihn in ganz menschlichen, allzu menschlichen Situationen vor!

Fleißaufgabe:
Wenn Sie das Buch bis hierher gelesen haben, wenden Sie die erworbenen Kenntnisse nun in der Praxis an: Versuchen Sie, Ihre eigenen narzisstischen Anteile einem der genannten Typen zuzuordnen. Falls Sie sich dies nicht trauen, probieren Sie dasselbe mit Ihrem Partner, Ihrem Kollegen oder Ihrem Vorgesetzten. Sollten in Ihrer Umgebung tatsächlich keine Narzissten zu finden sein, stellt sich der Autor als Versuchsperson zur Verfügung.

Quo vadis?

Die Zeichen der Zeit stehen auf Narzissmus. Dieser wird gesellschaftsfähig. Alles spricht für eine Änderung der gesellschaftlichen Stimmung, für Etablierung von Egozentrik und Arroganz, für Überindividualisierung und Entsolidarisierung, für neue Werte. Das Ich ist in den Mittelpunkt gerückt, die eigenen Interessen stehen über allem. Die Sünden der Vergangenheit werden zu Tugenden der Gegenwart, der frühere Makel zum neuen Ideal. Der Ichling beherrscht die Szene, Arroganz das Auftreten und Coolness die Emotionalität.

Wir sehen Narziss, den schönen, selbstverliebten Jüngling, in neuer Gestalt – in jener des Cybernarzissten oder jener des Roboters. Wir haben Sehnsucht nach universeller Aufmerksamkeit und finden höchste Befriedigung, wenn unser Name in den Suchmaschinen möglichst häufig erscheint. Cybernarzissmus als moderne Onanie. Was ist der ursprünglich vom Politik-Provokateur Adam Curtis im BBC-Film „The Trap" geschaffene „Homo oeconomicus" anderes als die modernste Ausgabe des Narzissten? Dieses soziale Monster sei im Kalten Krieg von Ökonomen und Militärs als theoretisches Modell eines Menschen, welcher nur auf die Übervorteilung anderer programmiert sei, entwickelt worden. Ohne jegliche Empathie und ohne andere Gefühle als jene des Gewinns, würden durch ihn Aktienmärkte und Menschen gesteuert. Ein neuer „zerstörerischer" Egoismus, nach welchem der Markt alles sei, sei in die Köpfe eingedrungen, um Politik, Finanzwirtschaft und Gesellschaft zu bestimmen. Sich selbst darzustellen, einmal für einen Augenblick wichtig zu sein und bewundert zu werden ist das höchste Ziel. Narzisstische Züge sind gefragter denn je, nicht mehr soziale Kompetenz und

Kultur, welche gerade noch als Etiketten der eigenen Vollkommenheit zur Schau gestellt werden.

Der Narzissmus ist uns einiges wert: Für Statussymbole, mit welchen wir unsere Exklusivität betonen, ist uns kein Preis hoch genug. Uhren und Schmuck, mit denen sich der Narzisst gleichsam in die richtige, exklusive Fassung bringt, können nicht teuer genug sein. Luxusgüter, mit welchen wir den goldenen Rahmen für dieses grandiose Menschenbild schaffen, sind außerordentlich begehrt.

Hat unsere stupide Mitwelt unsere Einzigartigkeit nicht erkannt, weisen wir sofort in rüdem Ton auf unsere Wichtigkeit hin. In St. Gallen wurde kürzlich bei der Versteigerung des Autokennzeichens „SG 1“ ein Preis von 135.000 Schweizer Franken erzielt. Sehr viel Geld wurde für das Kennzeichen „VIP 1“ ausgegeben und in den USA erregte ein Autofahrer mit der Nummer „GOD 1“ großes Aufsehen. „Schaut doch alle her, wie einmalig ich bin, beginnt doch endlich zu staunen! Ich will sofort Euer aller Bewunderung hören!“, lautet die unübersehbare Botschaft.

Narzissmus ist eine menschliche Grundhaltung, ein uns beherrschendes Gefühl, eine psychologische Ureinstellung. Narzissmus begleitet den Menschen von der Wiege bis zur Bahre. Wir brauchen Narzissmus für Selbstwert und Selbstbehauptung, aber in der richtigen Dosis. Für unsere eigene Stärkung, nicht für die Zerstörung des anderen.

Narzissmus ist also ein verlockendes und abschreckendes, ein faszinierendes und beängstigendes, ein herausforderndes und hilflos machendes Phänomen zugleich. Narzissmus ist Narzissmus. Die Diagnostik des Narzissmus gehört zum Schwierigsten, die Behandlung zum Belastendsten und die therapeutische Abgrenzung zum Unmöglichsten, was sich in Psychiatrie und Psychotherapie findet. Wie sollen wir damit in Hinkunft umgehen?

Wenn wir Narzissmus als Verschiebung des Gleichgewichtes zwischen gesundem Selbstbewusstsein und neurotischen Komplexen, zwischen Durchsetzungsvermögen und Rücksichtslosigkeit, zwischen eigener Sensibilität und Einfühlungsvermögen in andere betrachten, so scheint eine behutsame Korrektur angebracht. Narzissmus soll kein angestrebtes gesellschaftliches Ziel sein und nicht den Zeitgeist prägen. Rücksichtslosigkeit und Entwertung anderer, Entsolidarisierung und soziale Ungerechtigkeiten oder Zerstörung der Umwelt, alles typische Narzissmusfolgen, sind keine guten Entwicklungen. Unsere Gesellschaft braucht mehr „unnarzisstische" Menschen und wieder ein Stück „Antinarzissmus". Es darf nicht sein, dass das narzisstische Persönlichkeitsbild zum Ideal wird.

Rasche Änderungen oder gar Lösungen wird es in dieser Frage nicht geben, Vorschläge bleiben fromme Wünsche.

Kehren wir deshalb zurück zum Mythos. Birgt nicht die Weisheit der Legende eine Lösung, zeigt nicht jede archaische Überlieferung einen Ausweg? Überspringen wir doch für einen Augenblick jenen Narzissmus der Gegenwart, der alles Frühere als primitiv, unaufgeklärt und defizitär entwertet, und fragen noch einmal die alte Erzählung.

Die Geschichte von Narzissus gibt es in mindestens sieben Versionen. Die eindrücklichste ist jene, die wir an den Beginn gestellt haben: Der schöne, von allen begehrte, aber nicht liebesfähige Jüngling, der sich ein einziges Mal in seinem Leben verliebt. In sein eigenes Bild, das für ihn jedoch unerreichbar ist. Er verzehrt sich vor Sehnsucht, will mit seinem Ebenbild verschmelzen und ertrinkt dabei. Die Geschichte endet mit dem Tod.

Viel versöhnlicher jedoch ist eine andere Variante: Narzissus verzehrt sich vor Sehnsucht und Liebe, er kommt zu Tode. Die Götter aber lassen an dem Ort, wo er verstorben ist, eine Blume entspringen, die Narzisse. Die Narzisse, welche für Friede, Anmut und Neuanfang steht. Die Osterglocke, die Aufbruch, Wachstum und neues Leben verheißt. Jene Blume, deren Wurzel von den Wühlmäusen verschont wird, die nicht von Eifersucht, Zweifel und Missgunst aufgefressen wird. Eine Transformierung der schönen, aber leidenden, liebesunfähigen und sich verzehrenden

Kreatur hin zu neuem Leben und zu einer neuen Welt. Mit der Verwandlung des toten narzisstischen Leibes in eine erwachende Blume wird eine neue Dimension betreten. Die Kraft einer aufkeimenden Pflanze statt eines grandiosen, verlebten Körpers. Aufbruch statt Ende, Leben statt Tod, Freude für andere statt Selbstsucht. Weniger egozentrisch, wärmer, mitmenschlicher. Gibt uns dieses Bild nicht Hoffnung?

Dank

Zunächst gilt mein Dank all jenen, denen ich die Kenntnisse über den Narzissmus verdanke. Viele haben mir – freiwillig oder unbewusst – Beispiele für dieses Buch geliefert. Zu danken habe ich meiner Familie und den Mitarbeitern, welche meinen eigenen, auch beim Schreiben eines Buches durchschlagenden Narzissmus ertragen haben. Besonders dankbar bin ich dem stets kooperativen und konstruktiven Team des Ecowin Verlages, vor allem dessen Verleger Dr. Hannes Steiner. Nie waren unsere aufmunternden Begegnungen und befruchtenden Gespräche durch irgendwelche narzisstischen Gefühle gestört.

Literatur

Akhtar, S.: Narzisstische und Borderline-Persönlichkeitsstörung: zwei verwandte Bilder. In: O. F. Kernberg u. Mitarb. (Hrsg.): Handbuch der Borderline-Störungen, Schattauer, Stuttgart/New York 2000

APA: Diagnostisches und Statistisches Manual Psychischer Störungen – DSM-IV-TR, Hogrefe Verlag für Psychologie, Göttingen/Bern/Toronto/Seattle 2003

Behary, W.: Der „Feind" an Ihrer Seite. Wie Sie im Umgang mit Egozentrikern überleben und wachsen können, Junfermann, Paderborn 2009

Dammann, G.: Narzissten, Egomanen, Psychopathen in der Führungsetage. Fallbeispiele und Lösungswege für ein wirksames Management, Haupt, Bern/Stuttgart/Wien 2007

Dammann, G./Sammet, I./Grimmer, B. (Hrsg.): Narzissmus. Theorie, Diagnostik, Therapie, Kohlhammer, Stuttgart 2012

Eilts, H.-J.: Narzissmus und Selbstpsychologie. Zur Entwicklung der psychoanalytischen Abwehrlehre, edition diskord, Tübingen 1998

Ernst, H.: Psychotrends. Das Ich im 21. Jahrhundert, Piper, München 1996

Faust, V./Arbeitsgemeinschaft Psychosoziale Gesundheit: Narzissmus. Von der zeit-typischen egoistischen Selbstverliebtheit bis zur narzisstischen Persönlichkeitsstörung; www.psychosoziale-gesundheit.net/pdf/faust1_narzissmus.pdf

Fiedler, P.: Persönlichkeitsstörungen, Beltz PVU, Weinheim 2001

Freud, S.: Zur Einführung des Narzissmus. Gesammelte Werke X., S. Fischer, Frankfurt am Main 1973

Fromm, E.: Gesamtausgabe in 12 Bänden, Deutsche Verlags-Anstalt, Stuttgart 2000

Giedens, A.: Entfesselte Welt. Wie die Globalisierung unser Leben verändert, Suhrkamp, Frankfurt am Main 2001

Goethe, J. W. v.: Die Wahlverwandtschaften. Ein Roman, J. G. Cottaische Buchhandlung, Tübingen 1809

Henseler, H.: Narzisstische Krisen. Zur Psychodynamik des Selbstmords, Rowohlt, Reinbek bei Hamburg 1974

Henseler, H.: Narzisstische Krisen. Zur Psychodynamik des Selbstmords, Westdeutscher Verlag, Wiesbaden 2000

Herpertz, S. C./Saß, H.: Persönlichkeitsstörungen, Thieme, Stuttgart/New York 2002

Hesse, H.: Narziß und Goldmund, S. Fischer, Berlin 1930

John, O. P./ Robins, R. W./Pervin, L. A.: Handbook of Personality: Theory and Research, Guilford Press, New York 2011

Kernberg, O. F.: Borderline-Störungen und pathologischer Narzissmus, Suhrkamp, Frankfurt am Main 1978

Kernberg, O. F.: Narzisstische Persönlichkeitsstörungen, Schattauer, Stuttgart/New York 1998

Kernberg, O. F./Hartmann, H.-P.: Narzissmus. Grundlagen – Störungsbilder – Therapie, Schattauer, Stuttgart/New York 2006

Kohut, H.: Narzissmus, Suhrkamp, Frankfurt am Main 2003

Lasch, C.: Das Zeitalter des Narzissmus, Deutscher Taschenbuch Verlag, München 1982

Leising, D.: Die Allergrößten, in: Psychologie Heute, 7 (2004)

Lojewski, S.: Narzissmus und Gesellschaft. Gesellschaftliche Implikationen narzisstischer Persönlichkeitsstörungen, GRIN Verlag für akademische Texte, München/Ravensburg 2008

Maaz, H.-J.: Die narzisstische Gesellschaft. Ein Psychogramm, C. H. Beck Verlag, München 2012

Meschkutat, B./Stackelbeck, M./Langenhoff, G.: Der Mobbing-Report. Repräsentativstudie für die Bundesrepublik Deutschland, hrsg. v. d. Bundesanstalt für Arbeitsschutz und Arbeitsmedizin, Dortmund/Berlin 2002

Neumann, E./Bierhoff, H. W.: Ichbezogenheit versus Liebe in Paarbeziehungen, in: Zeitschrift für Sozialpsychologie 1 (2004), S. 33–44

Orlowsky, U./ Orlowsky, R.: Narziß und Narzißmus im Spiegel von Literatur, Bildender Kunst und Psychoanalyse. Vom Mythos zur leeren Selbstinszenierung, Fink, München 1992

Pörksen, B./ Krischke, W. (Hrsg.): Die Casting-Gesellschaft. Die Sucht nach Aufmerksamkeit und das Tribunal der Medien, Herbert von Halem, Köln 2010

Renger, A.-B.: Mythos Narziß. Texte von Ovid bis Jacques Lacan, Reclam, Leipzig 1999

Sachse, R.: Selbstverliebt – aber richtig. Paradoxe Ratschläge für das Leben mit Narzissten, Klett-Cotta, Stuttgart [6]2012

Scharfetter, C.: Allgemeine Psychopathologie. Eine Einführung, Thieme, Stuttgart/New York [6]2010

Schreyögg, G./Sydow J. (Hrsg.): Managementforschung 9: Führung – neu gesehen, Walther DeGruyter, Berlin/New York 1999

Selchfleisch, U.: Robert Schumann. Eine psychoanalytische Annäherung, Vandenhoeck & Ruprecht, Göttingen 2004

Twenge, J. M./Campbell, W. K.: The Narcissism Epidemic: Living in the Age of Entitlement, Atria Books 2010
Volkan, V.: Großgruppen und ihre politischen Führer mit narzisstischer Persönlichkeitsorganisation, in: Kernberg, O. F./Hartmann, H.-P. (Hrsg.): Narzissmus. Grundlagen – Störungsbilder – Therapie, Schattauer, Stuttgart/New York 2006, S. 205–227
Wardetzki, B.: Mich kränkt so schnell keiner! Wie wir lernen, nicht alles persönlich zu nehmen, Kösel, München 2001
Wardetzki, B.: Kränkung am Arbeitsplatz. Strategien gegen Missachtung, Gerede und Mobbing, Kösel, München 2005
Wardetzki, B.: Eitle Liebe. Wie narzisstische Beziehungen scheitern oder gelingen können, Kösel, München 2010
Wardetzki, B.: Weiblicher Narzissmus. Der Hunger nach Anerkennung, Kösel, München 2010
Wilde, O.: The Disciple. In: The Oxford Anthology of English Literature. Vol. II. 1800 to the Present. General Editors: Frank Kermode and John Hollander, New York/London/Toronto 1973
Willi, J.: Die Zweierbeziehung. Das unbewusste Zusammenspiel von Partnern als Kollusion, Rowohlt, Reinbek bei Hamburg 2011
Winnicott, D. W.: The Maturational Processes and the Facilitating Environment: Studies in the Theory of Emotional Development, Hogarth Press, London 1965
Wirth, H.-J.: Narzissmus und Macht. Zur Psychoanalyse seelischer Störungen in der Politik, Psychosozial-Verlag, Gießen 2002